| 박광혁 |

진료실과 미술관을 오가며 의학과 미술의 경이로운 만남을 글과 강의로 풀어내는 내과전문의다. 그는 청진기를 대고 환자 몸이 내는 소리뿐 아니라 캔버스 속 인물의 생로병사에 귀 기울인다. 미술과 만난 의학은 생명을 다루는 본령에 걸맞게 차가운 이성과 뜨거운 감성이 교류하는 학문이 된다. 의학자의 시선에서 그림은 새롭게 해석되고, 그림을 통해 의학의 높은 문턱은 허물어진다.
저자는 지난 20여 년 동안 프랑스, 영국, 독일, 스페인, 이탈리아, 네덜란드, 러시아, 스위스, 오스트리아, 미국, 일본 등 전 세계 미술관을 순례하며 그림에 담긴 의학과 인문학적 코드를 찾아 관찰하고 기록했다. 그 결과물이 이 책 『히포크라테스 미술관』으로 묶였다.
한양대학교 의과대학을 졸업하고 한림대학교 성심병원 소화기내과 전임의를 거쳐, 내과전문의 및 소화기내과 분과 전문의로 환자와 만나고 있다. 네이버 지식인 소화기내과 자문의사로 활동했고, 현재 대한위대장내시경학회 간행이사를 맡고 있다. 지은 책으로 『미술관에 간 의학자』와 『퍼펙트내과(1-7권)』 『소화기 내시경 검사테크닉』 등이 있다.

그림으로 읽는
의학과 인문학

# 히포크라테스 미술관

**박광혁** 지음

의학의 시선으로 미술을 보면
인문학이 읽힌다!

어바웃어북

# 명화의 '진면모'를 읽는 즐거움

의사란 직업을 갖게 되면서 한 가지 습관이 생겼습니다. 누군가를 만나면 그의 안색(顔色)부터 유심히 살피는 것입니다. 그리고 몇 초 뒤 저도 모르게 한두 마디 건넵니다. "괜찮으세요?" "어디 불편한 데는 없으시고요?" 여기서 좀 더 나아가 "좀 피곤해 보이세요"라는 말까지 나오면, 상대방은 이내 걱정스러운 표정으로 바뀝니다. 순간 저는 '내가 또 실수를 했구나'라며 자책합니다. 상대방의 허락도 없이 저도 모르게 시진(視診)을 한 것이지요.

사람은 누구나 얼굴에 '빛'이 있습니다. 흔히 '낯빛'이라 불리는 얼굴의 빛은 스펙트럼처럼 다양한 색으로 발산합니다. 기쁜 색, 슬픈 색, 편안한 색, 피곤한 색, 아픈 색, 우울한 색, 분노한 색 등 셀 수 없을 정도로 많지요. 세상을 살다보면 자신의 낯빛을 카멜레온처럼 숨겨야 할 때가 참 많습니다. 속마음이, 혹은 건강상태가 얼굴에 드러나 혹여 오해를 사거나 불이익을 받을까 걱정이 앞서기 때문입니다.

사람에게 안색과 낯빛이 있는 것처럼 그림에도 저마다의 색과 빛이 존재합니다.

그림 역시 인간처럼 색과 빛에 담긴 속뜻을 드러내지 않고 감추고 있는 경우가 참 많습니다. 화가가 어떤 의도와 배경에서 그림을 그렸고, 또 화폭에 담긴 소재들이 무엇을 의미하는지 미리 알아두지 않으면 그림의 진면모(眞面貌)를 제대로 감상할 수가 없지요. 그림은 보이는 만큼 아는 게 아니라, 아는 만큼 보이기 때문입니다. 시진만으론 환자의 상태를 제대로 알 수 없듯이 그림도 눈으로만 봐서는 곤란합니다. 몇 년 전 파리 오르세 미술관에서 만났던 클로드 모네의 〈임종을 맞이한 카미유〉(298쪽)는 특히 그러했습니다. 모네라는 화가가 왜 이 그림을 그렸는지 미처 알지 못했다면 오르세의 무성한 그림 숲에서 그냥 스쳐 지나쳤을 것입니다.

온통 검푸른 물감으로 덧칠한 배경에 여인의 얼굴이 희미하게 드러납니다. 모네는 죽음의 문턱에 선 아내 카미유의 모습을 화폭에 담았습니다. "정지한 사물이 매 순간 달리 보이는 건 빛 때문"이라며, 시시각각 변하는 들녘의 건초더미를 그리며 황홀해했던 '빛의 화가' 모네가, 죽어가는 아내의 얼굴에서 가장 슬픈 빛을 보게 될 줄은 꿈에도 몰랐을 것입니다. 모네는 걸작 〈인상, 해돋이〉에서 '찬란한 빛'을 그렸다면, 〈임종을 맞이한 카미유〉에서는 '죽음의 빛'을 그렸습니다.

맨 처음 '죽음의 빛'을 의학적으로 관찰해 기록한 이는 히포크라테스입니다. 2000여 년 전 그는, 죽음을 앞둔 이들의 '낯빛'을 사려 깊게 관찰한 기록을 후대에 남겼습니다. 혈색이 극도로 창백하고 안모가 매우 야위었으며, 협골은 돌출하고 안광이 무뎌져 의식을 거의 소실한 상태에서 히포크라테스는 죽음의 징후를 간파했습니다. 의학이란 개념조차 없었던 그 옛날, 죽음에 임박한 사람을 이처럼 세세하게 관찰해 기록했다는 것은 매우 놀라운 일입니다. 의학에서는 그의 뜻을 기려 임종을 맞은 사람의 얼굴을 '히포크라테스 안모(顔貌 : facies hippocratica)'라고 부릅니다.

모네의 〈임종을 맞이한 카미유〉에서 '히포크라테스의 안모'를 떠올리는 것처럼 그림에는 흥미로운 의학적 코드들이 참 많이 숨겨져 있습니다. 미술과 의학은 전혀 상관없어 보일 것 같지만, 뜻밖에도 둘의 조합은 매우 멋지고 경이롭기까지 한 경험을 선사하지요. 미술이 위대한 이유는 무겁고 어려운 의학에게 손을 내밀어 아라비안나이트만큼 흥미진진한 이야기들을 허락하기 때문입니다. 의사인 제가 20년 넘게 틈만 나면 전 세계 미술관을 다니는 이유입니다.

책의 표지에 적힌, "의학의 시선으로 미술을 보면 신화에서 문학, 예술, 역사, 인류학에 이르기까지 모든 인문학의 카테고리가 읽힌다"는 말이 결코 과장된 수사가 아님을, 『히포크라테스 미술관』은 열다섯 이야기보따리를 통해 풀어놓습니다. 암스테르담 반 고흐 미술관에서 만난 〈영원의 문〉 앞에서 차이코프스키의 마지막 교향곡 〈비창〉과 그의 죽음을 의학적으로 규명해 봤고, 레이크스 미술관에서 만난 17세기 플랑드르 화가들의 그림들을 보며 '머릿니의 진화생물학' 이야기를 나눴습니다. 파리 피카소 미술관에 걸린 마리 로랑생의 단체초상화 〈아폴리네르와 그의 친구들〉의 주인공인 시인 기욤 아폴리네르가 시적 영감을 잃게 된 까닭을 듣다보면 '아폴리네르 증후군'이라는 현대 신경외과학의 유니크한 연구주제와 만나는 경험도 하게 됩니다. 스페인의 거장 프란시스코 고야의 〈의사 아리에타와 함께 한 자화상〉을 통해 지난했던 의학의 수난사를 만나는가 하면, 로코코 미술을 연 마담 퐁파두르의 초상화들을 감상하면서 왕실의 여인들이 감내해야 했던 가슴 아픈 질병이야기도 들을 수 있습니다. 또 그림에 담긴 체호프와 세르반테스, 레르몬토프, 에밀 졸라 등 대문호들의 삶과 문학 속 의학이야기를 듣다보면, 미술과 문학, 의학이 한데 어우러지는 지적 향연을 만끽하게 됩니다. 카인과 아벨, 악녀 릴리트, 착한 사마리아인 이야기에서 의학과 미술이 신화와 종교를 만나 어떤 서사를 탄생시켰는지를 살펴보는 것도 꽤 흥미롭습니다.

이렇게 해서 한 권의 책이 또 완성되었습니다. 첫 책 『미술관에 간 의학자』가 세상에 나온 지 꼭 3년만입니다. 저는 이 책을 쓰는 내내 힘겨운 싸움을 이어가야 했습니다. 글쓰기의 피할 수 없는 숙명이지요. 원고를 하나씩 탈고할 때마다 찬찬히 읽어본 뒤 스스로에게 묻곤 했습니다. '어때, 괜찮겠어?' 그 순간 제 '낯빛'이 궁금합니다. 왠지 얼굴빛이 좀 어둡지 않았을까 싶기도 합니다.

원고 중 일부는 첫째 딸 지원에게 모니터링을 부탁했습니다. 미술과 인문학을 좋아하는 지원은 평소 아빠의 글에 관심이 많습니다. 원고를 읽는 딸아이의 안색(!)을 살피는 내내 저도 모르게 좀 떨렸던 것 같습니다. 그녀의 입가에 미소가 번질 때면 잠시 안도했다가도 촌철살인의 비평이 쏟아지면 눈물을 머금고 원고를 수정해야 했지요. 언젠가는 지원의 동생들인 정원, 예원, 규원, 승원도 아빠의 글에 한마디씩 거드는 날이 오겠지요. 저에게 사랑스런 다섯 공주를 선물해준 아내에게 늘 고마울 따름입니다.

끝으로 오랫동안 서양미술사 공부를 함께 해온 '모나리자 스마일' 여러분들의 응원을 잊을 수가 없습니다. 진심을 담아 감사의 마음을 전합니다.

2020년 가을, 박광혁

C O N T E N T S

091

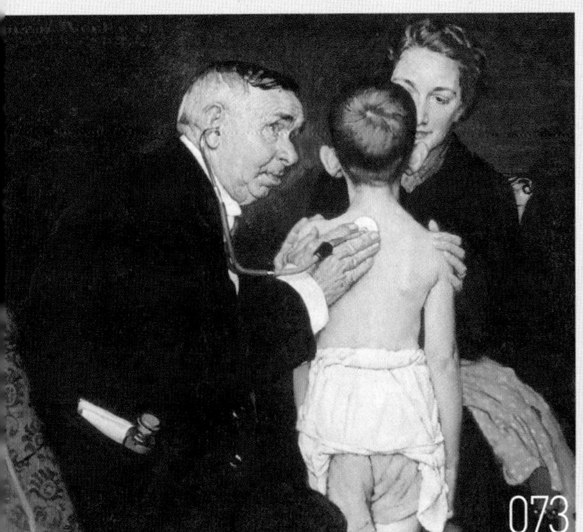
073

115

133

157

199

177

217

237

257

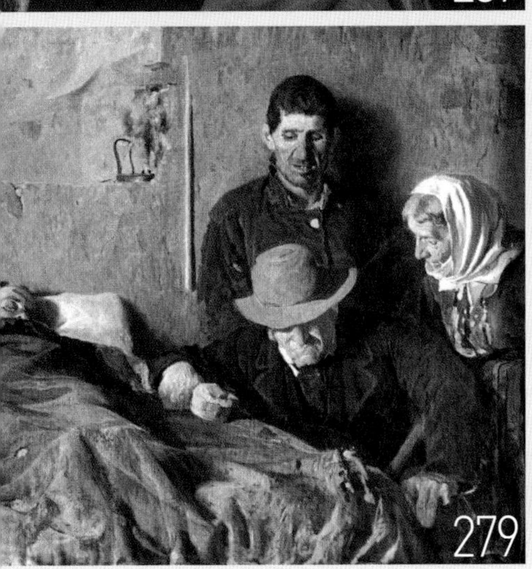
279

297

| 일러두기 |

- 본문에 등장하는 인명의 영문명 및 생몰연도를 첨자 스타일로 국문명과 함께 표기하였다.
  (예 : 레오나르도 다빈치Leonardo da Vinci, 1452~1519 )
- 미술이나 영화 작품 및 시는 〈 〉로 묶고, 단행본은 『 』, 논문이나 정기간행물은 「 」로 묶었다.
- 인명, 지명의 한글 표기는 원칙적으로 외래어 표기법에 따랐으나, 일부는 통용되는 방식을 따랐다.
- 미술 작품 정보는 '작가명, 작품명, 제작연도, 기법, 크기, 소장처' 순으로 표시하였다.
- 작품의 크기는 세로×가로로 표기하였다.

*Hippocrates Gallery*

*01*

•

# '비통'과 '절망'이라는 불치의 병에 관하여

빈센트 반 고흐, 〈Worn Out〉, 1882년,
종이에 연필, 50.4×31.6cm, 반 고흐 미술관, 암스테르담

열 시간 넘게 비행기를 타고 네덜란드 암스테르담에 가는 이유는 고흐Vincent Willem van Gogh, 1853~1890를 만나기 위해서입니다. 그 도시에 반 고흐 미술관이 있습니다. 고흐는 의사인 제가 틈만 나면 진료실을 나와 전 세계 미술관을 기웃거리게 만든 장본인이지요. 저는 여권에 수많은 스탬프가 찍히는 부담을 기꺼이 감수하면서, 전 세계 미술관 곳곳에 전시된 수백 점이 넘는 고흐의 그림들을 만나기 위해 비행기에 오릅니다. 비록 아무도 알아주지 않는 일이긴 합니다만, '고흐의 전작주의자'가 되기 위한 통과의례 같은 것이지요.

시차 탓에 호텔방에서 뜬 눈으로 밤을 지새고 쓴 에스프레소 한 잔으로 정신을 차린 뒤 미술관으로 향합니다. 아침부터 저녁까지 하루 종일 고흐의 작품들 속을 헤매다보면 두 발은 아무 감각을 느끼지 못할 정도로 저려오고, 눈은 벌겋게 충혈됩니다. 미술관을 방황하는 제 모습은 사뭇 고단한 순례자 같아 보입니다.

## 고흐의 유서 같은 그림

•

다음날 새벽 천근같은 몸을 겨우 일으켜 구글맵을 켜고 버스와 기차를 여러 번 갈아타 암스테르담에서 제법 멀리 떨어진 오테를로(Otterlo)란 곳으로 향합니다. 그곳에 크뢸러 뮐러 미술관이 있습니다. 고흐의 대표작들이 적지 않게 전시된 곳이지요. 어느 해인가 유난히 힘든 일들이 동시에 닥쳤을 때 간절히 보고 싶었던 고흐의 그림 한 점이 여기에 있습니다. 〈영원의 문〉이란 작품입니다.

머리가 벗겨진 백발의 노인이 벽난로 앞에 앉아 있습니다. 두 손에 얼굴을 묻고 있어 노인의 표정은 보이지 않지만, 비탄에 빠져 있음을 짐작할 수 있습니다. 아드리아누스 야코부스 자위데어란트Adrianus Jacobus Zuyderland 란 이름의 노인은, 과거에 전쟁에서 부상을 얻은 뒤 고통 속에 살아가다 노년에 요양병원에서 인생의 마지막을 보내고 있는 중입니다. 노인에게는 아무런 희망도 없어 보입니다.

이 그림은 8년 전 고흐가 그렸던 소묘(14쪽)를 유화로 다시 그린 것입니다. 소묘는 '영원의 문'이라는 유화의 제목과 달리 영어로 'Worn Out'이라는 제목이 붙어 있습니다. 우리말로 삶의 의욕을 잃을 만큼 '매우 지친'이란 뜻을 담고 있는 말이지요.

빈센트 반 고흐, 〈영원의 문〉, 1890년,
캔버스에 유채, 81.8×65.5cm, 크뢸러 뮐러 미술관, 오테를로(네덜란드)

다음날 새벽 천근같은 몸을 겨우 일으켜 구글맵을 켜고 버스와 기차를 여러 번 갈아타 암스테르담에서 제법 멀리 떨어진 오테를로란 곳으로 향합니다. 어느 해인가 유난히 힘든 일들이 동시에 닥쳤을 때 간절하게 보고 싶었던 고흐의 그림 한 점이 그곳에 있습니다. 〈영원의 문〉이란 작품입니다.

저는 암스테르담에 있는 반 고흐 미술관에 전시된 이 소묘를 봤을 때 먹먹함을 가눌 길이 없었습니다. 채색이 되지 않은 스케치 속 노인이 마치 세상에서 점점 희미하게 지워질 것만 같았기 때문입니다. 바로 다음 날 이곳 크뢸러 뮐러 미술관으로 향하지 않을 수 없었습니다. 고흐 특유의 두텁고 강렬한 채색이 삶의 끈을 놓은 듯이 희미해지는 노인을 다시 살려낼 수 있을 거라 생각했습니다. 하지만, 채색된 노인은 오히려 더 비통스러운 모습을 하고 있습니다. 다시 〈영원의 문〉 그림을 보겠습니다. 파랗게 채색된 노인의 환자복에 절망이 한가득 배어 있습니다. 노인이 신은 낡은 신발은 더 이상 그를 이 세상에 서 있게 할 수 없을 만큼 초췌해 보입니다.

이 그림은 고흐가 권총으로 자살하기 두 달 전에 완성한 유화입니다. 이때 고흐는 프랑스 남부 생레미 요양원에 입원 중이었습니다. 동생 테오에게 쓴 편지에 따르면 당시 고흐는 자신의 인생에서 가장 힘겨운 시기를 보내고 있었습니다. 아버지의 죽음에 대한 죄책감과 예술가로서 제대로 인정받지 못한 깊은 절망감에 극심한 경제적 궁핍까지 겹쳐 한마디로 최악의 하루하루를 버텨내고 있었지요. 무엇보다 갈수록 정신착란(mental disorder) 증세가 심해지면서 자주 발작을 일으켜 주변 사람들까지 무척 힘들게 했습니다. 당시 고흐는 자신의 존재가 불필요하고 무의미함을 절감합니다. 결국 그는 스스로 생을 마감하는 게 모두를 위한 일이라고 여겼던 모양입니다.

미술평론가들은, 이 그림 〈영원의 문〉은 이루 헤아릴 수 없이 절망으로 침잠했던 고흐 자신의 내면을 그린 것이라고 해석합니다. 크뢸러 뮐러 미술관에서 〈영원의 문〉을 본 순간 그 말에 동의하지 않을 수가 없었습니다. 두 손에 묻은 노인의 얼굴은, 깊은 슬픔과 비통에 허우적대던 고흐 자신의 표정이었으니까요. 고흐는 그림 속 노인의 모습을 빌어 자화상을 그린 것입니다. 고흐가 남긴 여러 편의 자화상 중 가장 비통한 자화상이 아닐까 생각해 봅니다.

## 어느 음악가의 황망하기 그지없는 부음

•

고흐의 〈영원의 문〉으로 장황하게 글을 시작한 건 어떤 음악가의 죽음과 그에 관한 음악 이야기를 들려 드리고 싶었기 때문입니다. 그의 죽음과 음악이, 고흐의 죽음과 〈영원의 문〉하고 묘한 데자뷰를 이루기 때문이지요. 바로 러시아 출신 음악가 표트르 일리치 차이코프스키Pyotr Il'yich Tchaikovsky, 1840~1893와 그가 죽기 전 마지막으로 작곡한 〈비창〉이라는 교향곡입니다. 고흐가 세상을 떠나기 두 달 전에 그린 〈영원의 문〉이 고흐의 유서가 된 작품이라면, 차이코프스키가 죽기 아흐레 전에 발표한 〈비창〉은 차이코프스키 자신을 위한 레퀴엠(requiem, 진혼곡)이라 할 수 있겠습니다. 두 사람 다 곧 있을 자신의 죽음을 예견하지 않고서는 죽기 직전에 이러한 작품들을 발표할 수가 없었겠지요. 하지만 스스로 생을 마감한 고흐와 달리 차이코프스키의 죽음은 석연치 않은 점들이 적지 않습니다. 〈비창〉이란 곡이 탄생한 배경과 그 내용을 들여다보면 더욱 그렇습니다.

〈비창〉의 정식 명칭은 '교향곡 제6번 B단조(Symphony no.6 in B minor, op.74)'입니다. '비창'은 차이코프스키의 동생 모데스트Modest Tchaikovsky, 1850~1916가 프랑스어로 붙인 'Pathetique'라는 부제를 일본인들이 '悲愴'으로 번안한 것입니다. 'Pathetique'는 '비장함', '슬픔' 등을 뜻합니다. 당시 러시아 귀족사회에서 프랑스어를 쓰는 게 유행처럼 번지면서, 이 노래에도 자연스럽게 프랑스어 부제가 붙게 된 것입니다.

차이코프스키는 일생동안 1번부터 6번까지의 교향곡들을 발표했는데, 그 중 1번부터 5번까지가 고전적인 '해피 엔딩'으로 끝나는 것인데 반해, 6번 교향곡인 〈비창〉은 곡 전반에 걸쳐 우울과 비통, 절망 등 대단히 염세적인 분위기가 압도합니다. 특히 4악장은 비장미마저 감도는 아다지오로 마무리합니다. 이 곡에 동생 모데스트가 'Pathetique'라는 부제를 붙인 것에 까다롭기로 소문난 차이코프스키가 별 이견 없이 따랐다고 하는데요. 그만큼 이 곡이 전체적으로 침울했음을 차이코프스키도 인정한 셈이지요. 그는 작곡을 마친 뒤 "과장 없이, 내 모든 영혼을 이 작품에 쏟아 넣었다"며 소회를 밝힙니다.

그런데 말입니다. 〈비창〉을 작곡한 뒤 무대에서 직접 초연을 지휘하고 얼마 지나지 않아 모스크바 전역에 차이코프스키의 부음(訃音)이 퍼집니다. 공표한 사인은 당시 러시아 전역을 강타했던 콜레라 감염이었습니다.

1893년 11월 1일 차이코프스키는 동생과 조카 등 지인들과 상트페테르부르크의 한 식당에서 저녁을 먹었습니다. 차이코프스키는 식당에서 끓이지 않은 생수를 마셨는데, 이 물에서 콜레라에 감염돼 그로부터 닷새 뒤인 11월 6일 새벽에 숨을 거두었다는 것입니다. 어처구니없고 황망한 부음이 아닐 수 없습니다.

인간이 죽으면 한줌의 흙이 되어 흩어지는 것처럼 그것으로 모든 게 끝나는 걸까요? 세상은 차이코프스키를 그렇게 허망하게 떠나보내지 않았습니다. 그에겐 남겨진 음악작품이 있었습니다. 고흐에게 수천 점의 그림이 남겨졌던 것처럼 말입니다. 차이코프스키가 죽은 지 백 년이 훨씬 지났지만, 그의 음악은 러시아를 넘어 전 세계로 퍼져나갔습니다. 그리고 그의 삶과 죽음의 흔적도 음악과 함께 퍼져나갔지요. 세상 사람들은 차이코프스키의 음악엔 감동했지만, 그의 삶과 죽음엔 뭔가 석연치 않은 의문을 품었습니다. 특히 그의 죽음에 대한 많은 이야기들이 끊임없이 이어졌고, 이야기는 풍문에 그치지 않고 음악사가들의 중요한 연구주제로 발전합니다. 그리고 믿기지 않는 엄청난 이야기들이 쏟아져 나옵니다. 그는 정말로 콜레라에 오염된 물을 마시고 사망에 이른 걸까요?

차이코프스키가 쓴 〈비창〉 초안 악보

## 질병도, 범죄도 아닌

•

차이코프스키는 러시아 고전주의 음악을 완성한, 이른바 국민음악가로 칭송받는 인물입니다. 〈백조의 호수〉, 〈호두까기 인형〉 등 우리에게도 친숙한 발레곡과 오페라, 교향곡 등을 다수 남겼지요. 상트페테르부르크 법률학교 출신으로 한때 법무관리로 재직하기도 했던 차이코프스키는, 다소 늦게 음악가의 길로 들어섰지만 살아생전에 대단히 성공한 예술가의 삶을 영위했습니다. 이 점에서는 고흐의 삶과 다르지요.

하지만 차이코프스키의 사생활이 그리 평탄한 것만은 아니었습니다. 어린 나이에 어머니가 세상을 등지면서 매우 우울한 유년기를 보냈는데요. 그는 성인이 되어서도 심한 우울증으로 종종 정신과 치료를 받아야만 했습니다. 서른일곱 살에 맞이한 늦깎이 결혼생활은 고작 2개월 만에 파경으로 끝났고 그 뒤로 줄곧 독신으로 살았습니다.

차이코프스키의 삶이 평탄치 않을 수밖에 없었던 가장 큰 이유는, 그가 동성애자였다는 견해가 설득력 있습니다. 그의 석연치 않은 죽음도 동성애자 주장과 연관이 깊습니다. 지금은 성소수자로서 동성애에 대한 인권을 존중하는 분위기가 확산되고 있지만, 19세기 말 제정러시아 사회는 그렇지 못했습니다. 동성애가 적발되면 최소한의 형벌이 종신형일 정도였습니다. 심지어 동성애를 방관한 주변 사람들에게까지 불이익이 가해질 정도로 혹독했습니다.

'동성애'라는 단어를 들으면 여러분은 어떤 생각이 드세요? 혹시 뭔가 비정상적이고 심지어 불온한 느낌이 드시나요? 하지만 동성애는 질병도 아니고 범죄는 더더욱 아닙니다. 1973년 미국정신의학회는 동성애를 정신질환에서 제외했고, 세계보건기구(WHO)도 "성적지향 그 자체가 정신질환은 아니"라고 발표했습니다. 세계보건기구는 "국제 질병 분류 어디에서도 동성애를 질병으로 규정하는 항목을 찾을 수 없다"고 했습니다.

동성애는 역사적으로 매우 오래된 성적지향입니다. 소크라테스와 플라톤 같은 고대 그리스 철학자가, "사랑에 남녀 구분이 어디 있느냐"며 동성애를 옹호하는 논리를 주창했던 기록도 전해집니다. 실제로 서양미술사에서 명화로 꼽히는 수많은 작품들이 동성애를 소재로 다뤄왔습니다. 예술작품에서 동성애를 소재로 삼은 경우가 많다는 얘기는, 그만큼 동성애가 인류의 삶에 적지 않게 존재해왔음을 방증합니다. 그럼에도 불구하고 동성애는 종교적, 윤리적인 이유로 전 세계에서 부도덕, 성적 타락, 범죄, 질병 등으로 낙인찍혀왔습니다. 차이코프스키가 살았던 제정 러시아에서는 훨씬 가혹한 박해가 가해졌습니다.

화가 길버트 베이커(Gilbert Baker, 1951~2017)에 의해서 제안된 동성애의 상징 '레인보우 컬러'

침대 속 두 여인은 서로 사랑하는 사이입니다.

19세기 파리의 화가 로트렉이

침대를 배경으로 그린 연작 중 하나이지요.

로트렉은 보들레르의 시 〈악의 꽃〉에서

영감을 얻어 이 그림을 그렸다고 하는데요.

〈악의 꽃〉의 원제는 '레즈비언'입니다.

이처럼 동성애를 다룬 예술작품은 미술 뿐 아니라

문학에서도 적지 않게 등장해왔습니다.

예술작품에서 동성애를 소재로 삼은 경우가

많았다는 것은, 동성애가 인류의 삶에

적지 않게 존재해왔음을 방증합니다.

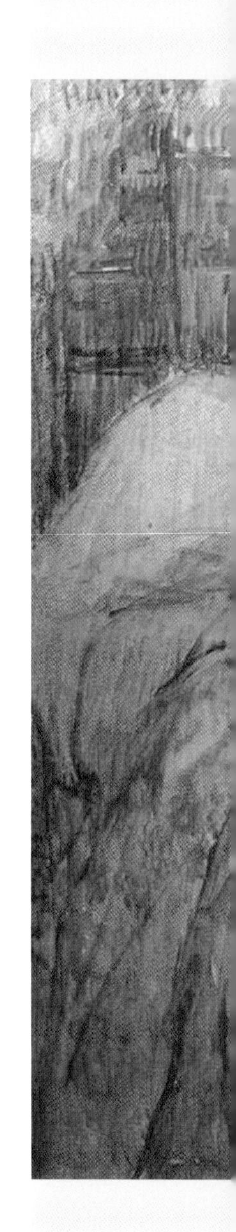

앙리 드 툴루즈 로트렉(Henri de Toulouse-Lautrec, 1864~1901), 〈침대에서〉, 1893년, 캔버스에 유채, 54×70.5cm, 오르세 미술관, 파리

## 전혀 명예롭지 못한 죽음

•

다시 차이코프스키의 죽음에 대해서 이야기를 이어가 보겠습니다. 죽기 전 차이코프스키는 스텐보크훼르모르Stenbock-Fermor라는 제정러시아 대공의 젊은 조카와 동성애 관계에 있었습니다. 이 사실을 알게 된 스텐보크훼르모르 대공은 당시 황제(차르)였던 알렉산드르 3세Alexandre III, 1845~1894에게 차이코프스키를 처벌해 줄 것을 요청합니다. 황제는 고위직 검찰 관료에게 수사를 지시합니다. 그런데 수사를 맡은 검찰 관료는 차이코프스키와 법률학교 동창으로 친분이 있던 사이였습니다. 황제가 피의자 신분인 차이코프스키와 잘 아는 사람에게 수사를 맡긴 것부터 뭔가 이상합니다.

아무튼 수사 결과 차이코프스키의 동성애가 사실로 드러납니다. 황제에게 있는 그대로 보고를 할 경우 차이코프스키는 불명예스럽게 사형에 처해지고 맙니다. 문제는 수사를 지휘한 검찰 관료를 비롯해 차이코프스키와 친분이 있는 고위직 관료 여러 명이 이로 인해 불이익을 받을 지도 모른다는 점입니다. 이들 고위직 관료들은 고심 끝에 이른바 '명예법정'이란 것을 엽니다. 명예법정이란 당시 귀족들이 범한 품위위반죄를 외부에 공표하지 않고 비밀리에 여는 재판입니다. 당시 제정러시아는 고위직 관료와 귀족들의 부정부패로 민중의 불만이 극에 달했습니다. 국민음악가 차이코프스키가 동성애자라는 사실이 드러날 경우 민중의 봉기에 위협을 느낀 고위직 관료들로서는 어떻게든 이 문제를 조용히 해결하고 싶었을 것입니다.

차이코프스키는 비밀리에 열린 명예법정에서 스스로 목숨을 끊을 것을 강요받습니다. 말 그대로 명예롭게 죽으라는 얘기지요. 어차피 제국의 법정에서 수치스럽게 사형에 처할 운명이기에 선택의 여지가 없다는 겁니다. 차이코프스키를 이 치욕적인 명예법정에 세운 이들은 평소 그와 친분이 있던 고관대작들이었습니다. 차이코프스키는 배신감과 모멸감으로 울분을 참지 못하고 법정을 뛰쳐나갔지만, 그들의 비수 같은 결정을 거스를 수 없었습니다. 차이코프스키에게 전달된 건 한줌의 비소였습니다. 비소를 먹고 스스로 목숨을 끊으면 당시 러시아에 만연한 콜레라에 전염되어 사망한 것으로 세상에 공표하겠다는 게 차이코프스키에게 마지막 남은 저열하기 그지없는 선처였습니다.

그런데 당시 정황을 가만히 들여다보면, 차이코프스키 죽음의 기획자는 바로 황제 알렉산드르 3세라는 생각이 듭니다. 차이코프스키의 동창인 검찰 관료에게 사건을 맡기고, 검찰 관료를 비롯한 주변 고관대작들이 자신들에게까지 불똥이 튈 것을 두려워해 명예법정을 열게 하는 시나리오의 기획자 말입니다. 실제로 알렉산드르 3세는 평소 차이코프스키 음악의 열렬한 팬이었습니다. 그는, "우리에게 백작과 남작은 많지만 차이코프스키는 오직 한 명 뿐"이라는 말을 남길 정도로 차이코프스키의 음악을 높게 평가했지요. 하지만, 그의 차이코프스키에 대한 지지는 딱 거기까지였던 모양입니다. 동성애라는 사실이 밝혀지자 차이코프스키에 대한 모든 호의를 내려놓습니다. 차이코프스키의 음악이 아무리 훌륭해도 왕권에 위해를 초래한다면 가차 없이 내쳐야 하는 게 권력의 속성인 것이지요.

## 모든 잘못의 근원은 병원균이다?!

•

알렉산드르 3세는 차이코프스키 장례식의 모든 비용을 부담했는데, 황제가 음악가의 장례비용을 모두 부담하는 건 제정러시아에서 전례 없는 일이라고 합니다. 차이코프스키의 장례식에는 수만 명의 러시아 민중이 운집합니다. 국민음악가 차이코프스키의 명성을 가늠하게 하는 대목이지요. 당시 내부분의 사람늘은 차이코프스키가 정말로 콜레라에 감염되어 죽었다고 믿었습니다. 그만큼 콜레라의 위력이 대단했기 때문입니다. 콜레라는 비브리오 콜레라(Vibrio Cholerae)라는 원인균이 인체에 침입한 뒤 일정한 잠복기를 거쳐 소장에서 독소를 증식시키는 전염병입니다. 주로 오염된 식수로 감염되는데, 쌀뜨물 같은 설사와 구토, 발열, 복통을 일으키고 심할 경우 과도한 설사로 탈수를 일으켜 사망에 이르기까지 합니다. 19세기에 콜레라 치사율은 50%에서 70%에 이를 정도로 치명적이었습니다. 콜라라는 19세기에 창궐한 전염병 중에서 가장 높은 사망률을 기록한 질병이었습니다.

놀라운 사실은 차이코프스키가 먹고 자살한 비소의 경우, 증상이 콜레라와 비슷합니다. 콜레라의 독특한 증상인 쌀뜨물 같은 설사가 비소를 먹은 뒤에도 발생합니다. 콜레라에 심하게 감염되면 안색이 파랗게 질리는 청색증이 나타나는 데, 이 점도 비소 중독과 유사합니다. 명예법정에서 고위 관료들이 차이코프스키에게 비소를 전달한 상황을 감안하건대, 그의 죽음이 사전에 의사에게 자문을 구했을 정도로 치밀한 계획 하에 이뤄졌음을 의심하지 않을 수 없습니다.

파벨 페도토프(Pavel Fedotov, 1815~1852), 〈비난 받아야 하는 것은 콜레라〉, 1848년, 수채화, 32.8×38.2cm, 러시아 박물관, 상트페테르부르크

모스크바 출신 화가 페도토프의 풍속화는 당시 콜레라의 감염 세태를 잘 묘사하고 있습니다. 식사 중 쓰러진 사람의 안색은 매우 파랗게 질려 있는데, 이는 콜레라의 징후 가운데 하나인 청색증입니다. '비난 받아야 하는 것은 콜레라'라는 그림의 제호가 유독 의사인 제 마음에 걸립니다. 문제의 본질을 병원균 하나로 몰아가는 것은 예나 지금이나 다르지 않은 듯합니다. 그렇게 해야 뒤탈이 없다고 여기는 것이지요. 차이코프스키를 죽인 것도 그저 콜레라라고 해버리면 그만이었던 것처럼 말입니다.

## 끝도 없는 절망의 터널

•

차이코프스키의 죽음에 대한 이야기는 명예법정에서의 강요된 자살 말고도 여러 가지가 존재합니다. 그 중에는 차마 입에 담을 수 없는 흉흉한 이야기도 회자됩니다. 누군가 그랬지요, 인간의 상상력을 가장 극대화시키는 건 '의혹(suspicion)'이라고 말입니다. 과거 소련정부는 자신들이 자랑하는 국민음악가 차이코프스키의 석연치 않은 죽음에 관한 불명예스런 이야기들을 불식시키기 위해 무던히도 애를 썼습니다. 반대로 서방세계 전기작가와 음악사 연구자 들은 차이코프스키와 동성애, 그리고 명예법정에 얽힌 사연을 캐내기 위해 다양한 증빙자료들을 찾아내는 데 몰두해 왔습니다.

차이코프스키의 죽음에 대한 수많은 이야기들이 난무하지만, 저는 그가 왜 죽었는가가 아니라 그가 죽음에 이르기까지 얼마나 처절한 슬픔과 고독을 겪어내야 했는가에 방점을 찍고 싶습니다. 그가 죽기 전에 작곡한 교향곡 〈비창〉에는 그의 깊은 슬픔과 절망이 고스란히 묻어 있습니다. 실제로 음악학자들은 〈비창〉 1악장에 삽입된 러시아정교회의 장례미사 선율에 주목합니다. 차이코프스키가 머지않아 찾아올 자신의 죽음을 스스로 추모하기 위해 이 곡에 장례미사 선율을 삽입했다는 것입니다.

차이코프스키가 죽기 아흐레 전 〈비창〉 초연 장면을 지켜본 사람들의 증언을 기록한 문헌에도 의미심장한 내용이 등장합니다. 그날 차이코프스키는 여느 때와 달리 지휘할 때 팔을 힘차게 휘두르지 않았고 또 시종 일관 매우 무기력하고 침울한 모습을 보였다고 합니다. 심지어 이 곡이 연주되는 내내 청중들 사이에서 흐느끼는 울음소리가 여기저기서 터져 나왔다는 기록이 있습니다. 그 청중들은 차이코프스키와 절친한 귀족들이었는데, 곧 있을 차이코프스키의 가혹한 운명을 알고 있는 것 같았다는, 당시 초연 현장에 있었던 사람의 증언도 함께 전해집니다.

니콜라이 쿠즈네초프, 〈차이코프스키 초상화〉, 1893년, 캔버스에 유채, 트레차코프 미술관, 모스크바

모스크바 트레차코프 미술관에 전시된 차이코프스키의 초상화 한 점을 보겠습니다(31쪽). 러시아 출신의 화가 니콜라이 쿠즈네초프Nikolai Dmitriyevich Kuznetsov, 1850~1929의 작품으로, 차이코프스키를 가장 잘 표현한 그림으로 알려져 있습니다. 1893년에 발표한 초상화로 차이코프스키가 죽었을 때 그를 추모하기 위해 그린 것으로 추정됩니다. 그림 속 차이코프스키는 카리스마 넘치고 위엄 있는 모습을 하고 있습니다. 악보에 오른손을 얹고 있는 자세도 인상적입니다. 하지만 차이코프스키의 곡진한 삶에 관한 이야기를 듣고 이 그림을 보면, 그림 속 그의 모습이 처연하기 이를 데 없습니다. 그림은 많은 이야기를 담고 있지만, 때로는 이야기가 그림의 느낌을 바꾸기도 합니다.

다시 고흐의 〈영원의 문〉을 보겠습니다. 그리고 차이코프스키의 초상화와 번갈아 살펴보겠습니다. 고흐의 그림 속 노인이 마치 차이코프스키의 가혹한 운명을 알고 있는 듯 슬픔을 참지 못하고 흐느껴 우는 것처럼 보입니다. 그 무엇으로도 치유할 수 없고 그 누구도 고칠 수 없는 불치의 병, 그건 바로 '헤어 나올 수 없는 저 깊은 절망의 터널'입니다.

*Hippocrates Gallery*

*02*

•

# '이(蝨)'가 들려주는 진화생물학 이야기

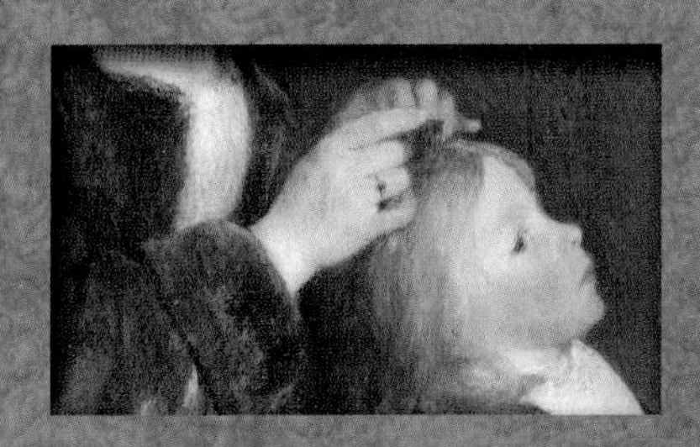

피테르 데 호흐, 〈어머니의 의무〉, 1658~1660년경,
캔버스에 유채, 61×52.5cm, 레이크스 미술관, 암스테르담

창밖으로 따뜻한 햇살이 길게 드리워지는 어느 평화롭고 나른한 오후입니다. 강아지 한 마리가 심드렁하게 앉아 일광욕을 즐기고 있습니다. 조금 있으면 아예 바닥에 드러누울 태세입니다. 강아지 옆에는 엄마와 아이가 보입니다. 바닥에 무릎을 꿇고 엎드린 아이가 엄마 무릎에 얼굴을 묻고 있습니다. 엄마는 두 손을 아이의 머리 위에 올려놓고 있습니다. 얼핏 보면 엄마가 아이를 위해 기도하는 것 같습니다. 혹은 오빠에게 놀림을 받아 속상한 딸아이가 엄마의 무릎에 얼굴을 파묻고 울고 있는 것 같기도 합니다.

그런데요, 이 그림에 관한 꽤 유니크한 해석이 있습니다. 그림 속 엄마는 아이의 머리에 이가 있는지 손으로 뒤적거리고 있다는 겁니다. 그림을 자세히 살펴봐도 엄마의 손에 빗이 들려있는지는 명확히 드러나지 않습니다. 흥미로운 건 이 그림의 제목이 '어머니의 의무(A Mother's Duty)'라고 하네요. 17세기에 네덜란드 델프트라는 지역에서 활동했던 화가 피테르 데 호흐Pieter de Hooch, 1629~1684가 그린 작품입니다.

## 어머니의 의무?!

•

어린 아이의 머릿니를 잡아주는 게 엄마가 해야 할 일이라는 데 토를 달고 싶지는 않습니다. 하지만, 머릿니 잡는 일을 가리켜 '어머니의 의무'라고까지 하기에는 뭔가 좀 과해 보인다는 느낌입니다. 여러분은 어떠세요? 그런데 그림이 그려진 17세기 중반 네덜란드 사회를 들여다보면 이 제목이 수긍이 갑니다. 당시 네덜란드는 상공업과 무역이 번성하면서 도시를 중심으로 부유한 상인들이 새로운 기득권층을 형성합니다. 이러한 변화는 미술계에도 영향을 미칩니다. 종교나 신화를 소재로 했던 회화에서 벗어나 부유한 상인들의 단체초상화나 소시민의 일상을 담은 풍속화 등이 각광을 받게 되지요. 특히 풍속화 중에는 여성들이 부엌일을 하거나 바느질하는 모습, 서민들이 저잣거리에 몰려다니거나 시장통에서 술을 마시는 광경 등 재밌는 소재의 그림들이 등장합니다. 그 가운데 유독 눈길을 끄는 그림이 바로 엄마가 아이의 머릿니를 잡는 모습을 그린 것입니다.

그 시절 네덜란드에서 아이의 머릿니를 잡는 것은 모유수유, 자녀 예절교육 등과 함께 가정주부의 중요한 책무였습니다. 특히 아이들의 머리를 청결하게 관리하는 것은, 네덜란드 출신 인문학자 에라스무스Desiderius Erasmus, 1466~1536가 자신의 책에 언급할 정도로 매우 강조되는 덕목이었습니다. 에라스무스는 『아이들을 위한 예절입문서(De civilitate morum puerilium libellus)』라는 책에서, "머리를 빗지 않은 것은 예의에 어긋나는 것이다. 머릿니와 유충에 감염되지 않도록 꼼꼼히 관리해야 한다"라고 적시했습니다.

카스파르 네츠허르(Caspar Netscher, 1639~1684), 〈실내에서 아이의 머리를 빗기는 어머니〉, 1669년, 캔버스에 유채, 44.5×38cm, 레이크스 미술관, 암스테르담

네덜란드의 풍속화가 네츠허르의 그림입니다. 엄마가 아들의 머리를 빗기는 모습이 자연스럽습니다. 화려한 드레스를 입은 엄마의 옷차림을 보니 제법 부유해 보입니다. 뒤에 하녀가 보이지만 아이의 머리손질만은 엄마의 몫입니다. 행여 아들의 머리에서 '이'라도 나온다면 엄마로서 도리를 다하지 못한 게 되기 때문입니다.

## 유별난 취향 혹은 호기심?

•

암스테르담에 있는 국립 미술관인 레이크스 미술관은, 렘브란트와 페르메이르에서 프란스 할스, 라위스달에 이르기까지 네덜란드 출신 거장들의 작품들이 다수 전시된 곳입니다. 엄청난 명작들과 대작들 속에서 유독 제 시선을 잡아당겼던 그림이 바로 '엄마가 아이의 머릿니를 잡는 모습'을 담은 것이라고 말씀드리면, 여러분은 "그 사람 참 별나네"라며 웃으실지도 모르겠습니다.

사실은, 언젠가 제가 몸담고 있는 학회에서 '머릿니와 명화'를 주제로 원고 청탁을 받은 적이 있었습니다. 아직도 머릿니에 감염된 초등학생들이 적지 않다는 질병관리청의 발표가 계기가 되었지요. '미술관에 간 의학자'라는 닉네임 탓인지 제게 들어오는 원고는 대부분 미술과 관련된 것들이지만, 머릿니와 명화라 …… 이건 좀 쉽지 않은 주제였습니다. 하지만 제 호기심을 발동시킬만한 주제였지요. 머릿니에 관한 자료를 하나 둘 찾다보니 네덜란드의 미술관에 관련 그림들이 많은 것을 알게 되었고, 얼마 뒤 네덜란드에 방문할 기회가 생기자 '이때다!' 싶었던 거지요.

헤이그에서의 기억도 떠오릅니다. 네덜란드에 여행 온 사람들이 헤이그라는 도시를 찾는 이유는 아마도 이 그림 때문일 겁니다. 바로 '북유럽의 모나리자'라 불리는 〈진주 귀걸이를 한 소녀〉입니다. 렘브란트와 함께 17세기 네덜란드 회화를 대표하는 요하네스 페르메이르Johannes Vermeer,

루브르에선 〈모나리자〉 앞이 항상 사람들로 붐비듯 헤이그의 마우리츠하위스는 〈진주 귀걸이를 한 소녀〉가 전시된 방이 가장 혼잡합니다. 그런데 제가 꼭 보고 싶었던 보르흐의 회화는 뜻밖에도 이 셀러브리티(!) 왼쪽에 전시되어 있습니다. 셀러브리티의 주변은 외면 받거나 소외되기 마련입니다. 하지만 이 글에서만큼은 〈진주 귀걸이를 한 소녀〉가 아니라 보르흐의 작품이 주인공입니다.

헤라르트 테르 보르흐, 〈딸의 머리를 빗겨주는 어머니〉, 1652~53년경, 캔버스에 유채, 33.5×29cm, 마우리츠하위스 왕립 미술관, 헤이그

1632~1675의 작품이지요. 헤이그 마우리츠하위스(Mauritshuis) 왕립 미술관에 전시된 이 그림을 보기 위해 전 세계 사람들이 몰려듭니다. 〈진주 귀걸이를 한 소녀〉 앞에는 항상 많은 사람들로 북적입니다. 그런데 저는, 너무나 유명한 〈진주 귀걸이를 한 소녀〉 탓에 그 옆에서 소외된 채 외면 받고 있는 어떤 그림을 주목합니다. 헤라르트 테르 보르흐Gerard Ter Borch, 1617~1681라는 화가가 그린 〈딸의 머리를 빗겨주는 어머니〉라는 그림입니다.

엄마는 조심스럽게 아이의 머리를 빗겨주고 있습니다. 그런데 그림을 자세히 보면 아이의 표정이 재밌습니다. 뭔가 잔뜩 긴장하고 있는 것처럼 보입니다. 그렇습니다. 혹시 머리에서 '이'가 나오지 않을까 하고 겁먹은 표정입니다. 엄마의 표정은 온화하면서도 신중해 보입니다. 어두운 실내에서 행여나 깨알만큼 작은 머릿니 하나라도 놓치지 않으려는 세심함이 느껴집니다. 그래서일까요, 아이의 머리를 빗기는 엄마의 손 모양이 매우 야무져 보입니다.

페르메이르와 보르흐는 거의 같은 시기에 활동했던 화가이지만, 둘의 작품활동은 상반됩니다. 페르메이르는 일생을 고향 델프트를 떠나지 않고 그림을 그렸지만, 보르흐는 대가가 되기 위해 유럽의 주요 화파와 거장들과 교류하기 위해 오랜 세월을 떠돌았습니다. 하지만 두 화가 모두 그림에 빛의 명암을 활용하려는 노력만큼은 다르지 않았습니다. 두 화가 모두 동시대의 거장이자 '빛의 화가'로 불리는 렘브란트Rembrandt Harmenszoon van Rijn, 1606~1669에게서 적지 않은 영향을 받았기 때문이지요.

## 화려한 헤어스타일의 이면

•

옛날에는 동서양을 막론하고 물이 귀했습니다. 실제로 마을 전체 사람들이 우물 하나에 의존하는 경우가 많았습니다. 이처럼 먹는 물조차 모자란 상황에서 자주 목욕을 하거나 머리를 감는 건 어림없는 일이었습니다.

종교적으로 보수적인 사회분위기에서 남녀노소 구분 없이 발가벗고 개울에 몸을 담그는 것도 쉬운 일이 아니었지요. 그러다보니 지금하고는 비교할 수 없을 정도로 위생상태가 취약했습니다. 머릿니가 기생할 수밖에 없었던 거지요.

머릿니가 꼭 아이들에게만 있었던 건 아니었습니다. 어른들 사이에서도 적지 않았습니다. 그 중에서도 특히 머리를 길게 기르는 게 관행이었던 여인들에게 머릿니는 골칫거리였습니다. 머릿니는 신분을 가리지 않았습니다. 눈부신 금발을 한 왕족이나 귀족 부인들도 머릿니를 달고 산 건 마찬가지였습니다. 허리 밑까지 내려오는 치렁치렁한 머리카락을 치켜 올려 한껏 멋을 부린 귀부인들이 연회장 구석에 숨어 정신없이 머리를 긁어대는 경우가 다반사였다는 기록이 전해집니다. 심지어 왕족이나 고위층 귀족 여인들은 머리손질을 담당하는 시중을 따로 두었음에도 불구하고 머릿니의 기생을 막지 못했습니다. 그 이유는 밤마다 열리는 연회를 위해 복잡하게 치켜 꾸민 올림머리를 매번 풀었다 다시 손질하는 것이 현실적으로 불가능했기 때문입니다. 귀부인들은 헤어스타일이 곧 자존심이 될 정도로 남보다 더 화려하게 돋보이기 위해 온갖 치장을 마다하지 않았지만, 정작 머리의 위생까지는 고려하지 않았던 것이지요.

얀 민스 몰레나르(Jan Miense Molenaer, 1609~1668), 〈헛됨의 우의(寓意)〉, 1633년,
캔버스에 유채, 102×127cm, 톨레도 미술관, 스페인

네덜란드 출신의 화가 얀 민스 몰레나르는 해골과 악기, 거울 등 다양한 소품으로 귀족 여인의 허세를 풍자합니다. 시중이 빗겨주는 긴 금발 역시 겉만 번지르합니다. 길고 화려한 여인의 머릿결 속에 '이'가 기생할지도 모릅니다. 상류층 여인들의 불편한 진실입니다.

## 항상 동승해온 승객

•

머릿니는 유구한 세월을 인간의 몸에서 기생해왔습니다. 비단 위 그림들이 그려진 17세기 유럽사회에만 있었던 게 아니지요. 머릿니는 지금도 전 세계에 걸쳐 여전히 존재합니다. 한마디로 동서고금(東西古今)을 가리지 않는다 하겠습니다. 다듬이벌레목에 속하는 이 해충은 체구가 작고 납작하며, 숙주의 털에 붙어살면서 피부를 뚫고 체액이나 피를 먹습니다. 날거나 점프를 하지 못하기 때문에 보통 한 숙주의 몸에 붙어서 평생 기생합니다. 또 '서캐'라 불리는 알을 낳아 번식을 합니다.

흥미로운 점은 머릿니의 진화생물학적 연구를 통해 인류의 역사에 관한 새로운 이론들이 발표되고 있다는 사실입니다. 미미한 해충이라고 함부로 볼 게 아니지요. 미국 플로리다 자연사 박물관의 연구에 따르면, '이'의 게놈(genome) 연구에서 현생인류가 네안데르탈인과 교배를 했고, 아프리카를 떠나기 전에 옷을 입었다는 결과를 발표합니다. 연구진에 따르면, '이'는 많은 동물을 숙주로 삼지만 한 동물에는 한 종만 기생하는 데, 특이하게도 사람의 몸에는 여러 종이 기생한다고 합니다. 즉, 머릿니 외에도 사람의 옷에 붙어 기생하는 '옷니(몸니)'와 음모에 붙어사는 '사면발니'가 있습니다. 처음에는 사면발니가 음모에 서식했다가 점차 신체의 다른 부위로 옮아가면서 적응해 머릿니와 옷니로 각각 진화했다는 것이지요.

독일의 막스플랑크 연구소에서는, 옷니와 머릿니의 유전자를 분석하여 분화된 시점을 연구했습니다. 다양한 지역에 사는 옷니와 머릿니의 DNA를 비교하여 계통수와 분기 시점을 찾았습니다. 그 결과 17만 년 전부터 8만 년 전 사이라는 결론에 도달했는데요. 이는 호모사피엔스가 분화된 이후와 맞아떨어집니다. 여기서 인류진화론 중 '아프리카 기원설'을 따를 경우, 호모사피엔스가 아프리카를 떠나기 전에 옷을 입기 시작했음을 추론해냅니다. 짐승의 가죽이나 털(모피), 직물 등을 걸친 몸에 기생하는 옷니의 분기 시기가 이를 방증한다는 것이지요.

인류의 생물학적 진화는 여러 가지 요인으로 설명되지만, 그 가운데 체모(體毛)의 감소도 빼놓을 수 없습니다. 인간과 유인원은 몸 전체에 털이 있고 없음에 따라 외형상 확연히 구분되지요. 인간은 몸에 털이 사라지면서 옷을 입게 된 것이고, 그 과정에서 '이'도 머릿니와 옷니로 서로 갈라지게 된 것입니다. '이'라는 한낱 미물에 지나지 않는 해충이 인간의 의식주 중 하나인 의복의 탄생 시기에 관해 새로운 열쇠를 제공한 셈이지요. 미국 플로리다 자연사 박물관 연구팀은 '이'의 게놈 연구에서 다음과 같은 인상적인 소회를 남겼습니다.

"인류의 진화 역사에는 항상 동승해온 승객(passenger)이 있었다. 그들은 인류가 떼어내려고 아무리 애를 써도 떼어낼 수 없는 숙명적인 존재였다."

하지만, 떼려야 뗄 수 없는 이 돈독한 관계 때문에 인간은 엄청난 재앙에 직면하고 맙니다.

페테르 파울 루벤스(Peter Paul Rubens, 1577~1640), 〈모피를 두른 엘렌 푸르망〉, 1638년, 캔버스에 유채,176×83cm, 비엔나 미술사 박물관, 오스트리아

의학사적인 관점에서 인간이 옷을 입기 시작했다는 것은

보건문명의 세상에 접어들었음을 의미합니다.

추위와 햇볕, 병균 등으로부터

몸을 보호하기 위한 지혜로운 선택이었습니다.

그로 인한 옷니의 출현은 불가피한 일이었습니다.

하지만, 모피에 대한 집착이 강해지면서

옷니의 확산도 커집니다.

병균의 침투를 막으려고 입기 시작한 의복이

오히려 병균의 온상이 되고만 것이지요.

## 인류를 재앙에 빠트릴 줄이야

‘이’가 위생의 차원을 넘어 인간의 생존을 위협하는 문제로 번진 것은 역사적으로 매우 불행한 일이 아닐 수 없습니다. ‘이’가 급성 발진티푸스 환자의 혈액을 흡입하여 다른 사람에게 감염시키기 시작한 것입니다. 감염된 ‘이’는 분변으로 감염원인을 배설합니다. ‘이’는 흡혈과 동시에 배설하게 되는데, 이때 배설물을 문지르거나 ‘이’를 눌러 죽일 때 물리거나 벗겨진 상처를 통해 감염되는 것입니다. 심지어 감염된 ‘이’의 분변을 먼지와 함께 흡입하여 감염되기도 합니다.

발진티푸스는 주로 몸니가 서식하기 좋은 군대나 감옥처럼 비위생적으로 단체 활동을 하는 곳에서 유행해왔습니다. 발진티푸스를 가리켜 ‘감옥열(jail fever)’이라 부를 정도로 감옥은 발진티푸스의 천국이었지요. 심지어 “다음 선고까지 투옥”하라는 재판관의 말은 (마치 발진티푸스에 걸려 죽으라는) 사형선고와 다름없을 정도였다는 기록이 전해집니다. 발진티푸스는 유럽이 전쟁으로 몸살을 앓았던 16세기에서 19세기에 걸쳐 크게 유행합니다. 신성로마제국의 ‘30년 전쟁’에서는 무려 8백만 명이 발진티푸스로 사망합니다. 심지어 1812년 모스크바에서 후퇴하던 나폴레옹 군대에는 러시아 군대에 당한 병사보다 발진티푸스로 죽은 병사가 더 많았다는 군요.

발진티푸스는 기근하고도 관련이 깊습니다. 심각한 영양결핍은 면역력에 치명적일 수밖에 없기 때문입니다. 아일랜드에서는 19세기 내내 기근으로 인해 수십만 명이 비명횡사했는데, 기근과 동반해 유행했던 질병 가운데 발진티푸스가 빠지지 않았습니다. 아일랜드에서 유행한 발진티푸스는 바다 건너 영국으로까지 번졌는데, 당시 영국인들은 발진티푸스를 '아일랜드 열(irish fever)'이라 불렀습니다.

발진티푸스가 정점을 찍었던 건 20세기 들어 발발한 제1차 세계대전 때였습니다. 3백만 명이 넘는 러시아인이 발진티푸스로 목숨을 잃었고, 인근 국가인 폴란드와 루마니아도 그 피해가 막대했습니다. 전선의 기지마다 발진티푸스 집중진료소를 세웠지만 치사율이 전체 감염자의 10%를 넘길 정도로 속수무책이었습니다. 1918년에서 1922년 사이 발진티푸스 확진자 2~3천만 명 중 3백만 명이 목숨을 잃었습니다. 발진티푸스는 DDT가 발명되고 나서야 전후 혼란스러웠던 유럽 전역의 피난민들 사이의 대유행을 멈췄습니다. 결국 '이'를 박멸하는 일이 '어머니의 의무'에서 '국가의 의무' 그리고 '인류 전체의 숙제'가 되고 만 것이지요.

'이'에 관한 이야기를 너무 길고 장황하게 한 탓일까요, 저도 모르게 자꾸 머리를 긁적이게 됩니다. 설마 제 머리에도…… 그냥 기분 탓이겠지요? 아무튼 크기가 2mm도 채 되지 않은 해충이 들려주는 진화생물학, 그리고 인류생존의 역사 이야기를 여기서 그만 마쳐야 할 것 같습니다.

헤라르트 테르 보르흐, 〈개의 벼룩을 잡고 있는 소년〉, 1655년경,
캔버스에 유채, 34.4×27.1cm, 알테 피나코테크, 뮌헨

마지막으로 한 가지만 더 짚고 이 글을 마쳐야 할 것 같습니다.

독일 뮌헨에 있는 알테 피나코테크에서

보르흐의 그림과 한 번 더 우연히 만났기 때문입니다.

〈개의 벼룩을 잡고 있는 소년〉이란 회화입니다.

사람의 머릿니는 반려동물에 감염되지 않습니다.

머릿니의 숙주는 오직 사람일 뿐입니다.

개의 벼룩을 잡고 있는 그림 속 소년에게,

혹시 자기에게서 옮은 게 아닐까 하고

죄책감을 가질 이유가 없다는 말씀을 꼭 전하고 싶습니다.

*Hippocrates Gallery*

*03*

# 시대의 우울을 그리다

## -감성을 잃은 어느 시인의 초상-

CALIARI PAOLO VERONESE

명화 대신 빛바랜 흑백사진이 자리를 차지하고 있는 지면이 생경해 보입니다. 사진을 자세히 보니 미술관 같습니다. 양 옆에 액자가 있는데, 가운데는 휑하니 아무 것도 없습니다. 좀 더 자세히 보니 못 박힌 네 개의 자국이 전부입니다. 액자가 걸려 있던 흔적 같습니다. 무슨 사연이 있는 걸까요?

사진 속 미술관은 루브르입니다. 빈자리는, 그렇습니다. 바로 〈모나리자〉가 걸렸던 공간입니다. 1911년 8월 21일 월요일 오전에 벌어진 일입니다. 미술관이나 박물관은 대개 월요일에 쉬는데 그날 루브르도 휴관일이었습니다. 살롱 카레 전시실에 한 청년이 물끄러미 〈모나리자〉를 바라보고 서있더니 벽에 걸린 액자를 거리낌 없이 떼어냅니다. 그리고 액자 속에서 이 불후의 명작을 빼낸 뒤 그림을 둘둘 말아 가방 속에 넣고 태연하게 전시실 밖으로 나갑니다. 루브르 역사상 가장 치욕적인 해프닝인 '모나리자 도난사건'은 그렇게 일어났습니다.

## 〈모나리자〉 도난 사건의 유력한 용의자

•

다음 날 오전 루브르를 제집처럼 들락거리던 화가 루이 배후Louis Béroud는 〈모나리자〉가 떨어져 나간 것을 보고 경악합니다. 경비실에 알렸더니, 아마도 광고 사진을 찍기 위해 잠시 어디로 가져간 것 같다는 어처구니없는 답변이 돌아옵니다. 한마디로 말도 안 되는 얘기였지요. 루브르가 사태의 심각성을 깨달은 것은 그로부터 몇 시간 이후입니다. 그 사이 절도범은 아마도 프랑스 국경을 넘었을 지도 모릅니다. 파리 시경이 출동하고 루브르가, 그리고 프랑스 전역이 발칵 뒤집어 집니다. 그로부터 한동안 루브르는 문을 닫게 됩니다.

사건이 있은 지 2주가 지나서 경찰은 뜻밖의 중간수사 결과를 발표합니다. 〈모나리자〉 절도범 용의자로 시인 기욤 아폴리네르Guillaume Apollinaire, 1880~1918를 체포해 구금한 것입니다. 경찰은 용의선상에 오른 사람 가운데 피카소Pablo Picasso, 1881~1973도 있음을 밝힙니다. 피카소는 경찰 수사에서 무혐의로 풀려났지만 기욤은 유력 용의자로 지목돼 파리의 상테(Santé) 감옥에 갇히는 신세가 됩니다. 그런데 아무리 생각해도 시인과 그림 절도범은…… 잘 연관이 되지 않습니다. 경찰은 어떤 근거로 기욤을 체포한 걸까요?

기욤은 평소 화가들과 매우 가깝게 교류하던 시인입니다. 그림에 조예가 깊어 많은 미술작품에 평론을 쓰곤 했지요. 그런데 이 사람, 유독 루브르 박물관에는 감정이 좋지 않았습니다. 루브르에 전시된 모든 그림이 불에 타 없어졌으면 좋겠다는 막말도 서슴지 않았습니다. 유럽 최고의 미술관 중 하나로 꼽히는 루브르가 당대 신진 화가들의 그림은 거들떠보지도 않고, 거액을 들여 과거의 작품들만 사들여 전시하는 것에 불만이 컸습니다. 값비싼 고화(古畵)로 가득 찬 루브르의 거대한 전시실을 그린 피에로 안토니오 마르티니Pietro Antonio Martini, 1738~1797의 펜화에는 기욤이 지적한 루브르의 민낯이 담겨있습니다.

피에로 안토니오 마르티니, 〈1787년 루브르에서의 살롱전〉, 1787년, 펜화, 개인 소장

경찰은 물론 기욤의 사적인 감정만으로 그를 용의자로 지목해 체포한 건 아닙니다. 기욤의 조수로 일했던 게리 피에르가 문제였지요. 그는 루브르에서 흉상을 훔쳐 판매한 전력이 있습니다. 피카소도 한때 이 사람을 통해 장물인지 모르고 미술품을 구입한 적이 있어 기욤과 함께 용의선상에 올랐던 겁니다. 또 평소 기욤과 가깝게 지내던 미술품 컬렉터들 중에 루브르에서 절취된 장물들을 구입한 이들이 있었고, 이들은 해당 장물들의 감정을 미술에 조예가 깊은 기욤에게 부탁하곤 했기에, 경찰은 〈모나리자〉 절도 사건의 배후에도 그가 깊이 관여한 것으로 여겼던 겁니다. 아무튼 기욤은 무혐의로 풀려나지만 감옥에서 적지 않은 고초를 겪어야 했습니다.

방탄유리에 갇힌 〈모나리자〉

〈모나리자〉가 사라진 뒤 2년이 흐른 어느 날 드디어 범인이 잡힙니다. 빈센초 페루지아라는 이탈리아인의 소행이었지요. 엉뚱한 사람들을 절도범으로 몰고 간 프랑스 수사당국은 여론의 질타에 꼴이 말이 아니었습니다. 미술품 관리에 안일했던 루브르 박물관도 따가운 눈총을 감내해야 했습니다. 반면 절도범 빈센초는 이탈리아의 영웅으로 등극합니다.

"이탈리아가 낳은 세계적인 거장 다빈치가 그린 〈모나리자〉가 왜 프랑스에 있어야 하는가! 〈모나리자〉를 되찾아야 한다. 이탈리아 문화재를 약탈해간 루브르의 더러운 돈(금력)을 세상에 고발하고 싶다." 빈센초의 발언은 이탈리아 국민들의 민족주의 감정을 자극합니다. 〈모나리자〉를 프랑스로 돌려보내지 말자는 여론이 이탈리아 전역에 들끓었습니다. 하지만 루브르가 〈모나리자〉를 입수한 경위가 어찌되었건 절도는 절도인 셈이지요. 이탈리아 정부는 〈모나리자〉를 프랑스에 돌려주기로 결정합니다. 다만 이탈리아 국민들의 정서를 감안해 프랑스 반환에 앞서 피렌체와 로마, 밀라노에서 〈모나리자〉 전시를 해달라는 이탈리아의 제안을 루브르는 받아들입니다. 성황리에 이탈리아 순회전을 마친 〈모나리자〉는 루

# LA DOMENICA DEL CORRIERE

| | NEL REGNO | ESTERO |
|---|---|---|
| Anno | L. 5 — | L. 10 — |
| Semestre | » 2,50 | » 5 — |

Si pubblica a Milano ogni Domenica

Supplemento illustrato del "Corriere della Sera"

Uffici del giornale: Via Solferino, N. 28 MILANO

Per tutti gli articoli e illustrazioni è riservata la proprietà artistica e letteraria, secondo le leggi e i trattati internazionali.

Anno XIII. — N. 36. 3 - 10 Settembre 1911. Centesimi 10 al numero.

Come sia stato possibile l'impossibile, cioè il furto dal Louvre del ritratto di Monna Lisa del Giocondo, di Leonardo.

(Disegno di A. Beltrame).

〈모나리자〉 도난 사건은 유럽 전역의 다수 언론들이 톱으로 다룰 만큼 꽤 충격적인 뉴스거리였습니다. 특히 이탈리아 언론들은 연일 프랑스의 안일한 문화재 관리를 비꼬았습니다. 이탈리아인들은 자국의 문화재와 예술작품 들을 다수 소장하고 있는 루브르를 평소 곱지 않게 여겼던 게 사실이지요. 이탈리아 주간지 「라 도메니카 델 코리에레」 1면에 실린 삽화가 당시의 상황을 풍자합니다.

브르로 돌아옵니다. 그리고 이슈의 중심에 섰던 이 그림의 인기는 더욱 치솟지요. 루브르로 몰려드는 인파에 몸살을 겪다 결국 두터운 방탄유리에 갇히는 신세가 됩니다.

## 이방인 시인의 뮤즈, 그리고 친구들

•

프랑스 경찰이 기욤을 유력 용의자로 지목한 건 그가 이탈리아인, 즉 외국인이라는 것도 크게 작용했습니다. 19세기 말에서 20세기 초, 그러니까 제1차 세계대전이 터지기 직전 벨에포크(Belle Epoque: 산업혁명 이후 풍요가 깃들고 예술이 꽃피던 시대)가 끝나갈 무렵의 파리는 예술의 성지였습니다. 유럽과 미국의 젊은 예술가들이 파리를 향했지요. 하지만 프랑스 정부는 이방인들이 달갑지 않았습니다. 그들 가운데 프랑스의 권력층을 비판하는 아나키스트들이 적지 않았기 때문입니다. 기욤도 그들 중 하나였지요. 루브르의 모든 작품들을 불태워 버리자는 시인의 치기어린 발언조차도 선동을 부르는 구호처럼 민감하게 반응하던 때였습니다. '톨레랑스'라는 프랑스의 정신이 실종된 시기였지요. 〈모나리자〉 도난 사건이 터지자 프랑스 수사당국은 이때다! 싶었던 겁니다. 기욤이나 피카소 같은 이방인 지식인과 예술가 들에게 엄중한 경고를 보낼 수 있는 구실이 생긴 거지요.

아무튼 희대의 도난 사건은 일단락되었지만, 가장 큰 피해를 본 사람은 시인 기욤 아폴리네르입니다. 절도범으로 몰려 옥살이를 한 건 그렇다 치더라도 그에게 되돌릴 수 없는 불행이 찾아오지요. 이 일로 인해 연인 마리 로랑생Marie Laurencin, 1883~1956과 헤어지게 됩니다. 화가인 마리는 기욤에게 시상(詩想)을 가져다주는 존재였습니다. 기욤은 마리를 '시인의 뮤즈'라고 불렀습니다. 그가 마리를 생각하며 지은 시집이 그의 대표작 〈미라보 다리〉가 수록된 『알코올』입니다. 마리 또한 기욤과의 만남을 통해 단조로운 사실주의에서 벗어나 다양하고 실험적인 화풍을 선보이며 화단으로부터 인정받게 됩니다. 기욤과 마리는 연인이자 서로에게 영감을 불어넣는 예술적 동지였던 거지요.

마리 로랑생, 〈자화상〉, 1906년경, 목탄화, 19.8×13.2cm, 시카고 미술관

기욤이 처음 만난 마리를 가장 먼저 데려간 곳은 '세탁선'이란 몽마르트르에 위치한 예술가들의 아지트였습니다. 센강을 오가는 세탁선(Bateau-Lavoir, 洗濯船)을 닮아 붙여진 이 건물은, 당시 집값 때문에 파리 시내에서 밀려난 가난한 예술가들이 아틀리에로 삼았던 곳입니다. 세탁선의 터줏대감 피카소는, "어제 자네의 아내를 만났어. 물론 자네는 아직 연인으로서의 그녀를 만난 적이 없겠지만 말일세"라며 두 사람이 곧 연인이 될 것임을 직감합니다.

세탁선은 기욤과 마리, 피카소에게만 특별했던 곳이 아니었습니다. 당시 수많은 예술가와 지식인 들이 이곳에 모여들었습니다. 조지 브라크Georges Braque, 1882~1963와 앙리 마티스Henri Matisse, 1869~1954, 앙드레 드랭Andre Derain, 1880~1954, 아메데오 모딜리아니Amedeo Modigliani, 1884~1920 그리고 장 콕토Jean Cocteau, 1889~1963에 이르기까지 세탁선은 예술가들에게 있어서 영혼의 안식처 같은 곳이었습니다. 그들은 이곳에서 예술적 영감을 나누고, 연대하며, 창작의 고통으로 신음하는 서로를 위로했습니다. 예술은 함께했을 때 더 위대해질 수 있음을 깨닫게 된 거지요. 늘 혼자 골방에 틀어박혀 지내던 예술가들에게 세탁선은 획기적인 운동 같은 것이었습니다. 하지만 백여 년 전 시민혁명을 겪었던 프랑스 지배계급은 '연대'라는 말 자체에 심한 거부감을 드러냈습니다. 이곳에 모인 예술가들을 불편해했던 이유입니다.

오른쪽에 있는 마리가 그린 〈아폴리네르와 그의 친구들〉은 20세기 초 파리에서 예술가들의 연대를 상징하는 그림입니다. 자아가 강한 예술가들이 한 데 모여 단체초상화의 모델이 된 경우는 퍽 드문 일이었습니다. 그림의 정중앙에 기욤이 보이고, 오른쪽 뒤에 피카소가 있습니다. 이 그림을 그린 마리 자신도 오른쪽에 앉아있습니다. 왼쪽에는 피카소의 연인이자 그의 주옥같은 작품의 모델이었던 페르난드 올리비에Fernande Olivier, 1881~1966가 보입니다. 그 옆에는 미술품 수집가이자 작가인 거트루드 스타인Gertrude Stein, 1874~1946이 있습니다. 마리의 작품을 구매한 첫 콜렉터이자 이 그림의 소유주이기도 합니다.

마리 로랑생, 〈아폴리네르와 그의 친구들〉, 1909년, 캔버스에 유채, 130×194cm, 피카소 미술관, 파리

이 그림에서 특히 인상적인 인물은 거트루드 스타인입니다. 무명의 피카소를 비롯해 마티스와 모딜리아니, 마네 등 수많은 예술가들을 후원하고 그들의 그림을 구입한 장본인이지요. 그녀는 이 그림들을 모아 파리 최초의 현대미술관이라 할 수 있는 '거트루드 살롱'을 운영했습니다. 우디 앨런의 영화 〈미드나이트 인 파리〉에서 주인공 '길'의 소설을 읽고 냉정하면서도 따뜻한 시선으로 조언해주던 넉넉한 아줌마로 등장하는 여인이 바로 거트루드입니다.

## 현대 미술사조의 계보를 개념 지우다

•

기욤은 연인이었던 화가 마리와 세탁선에서 함께 활동했던 화가들 덕분에 미술에 더 많은 관심을 기울입니다. 피카소는 세탁선에서 그의 대표작 〈아비뇽의 처녀들〉을 그렸는데요. '파격의 결정판'인 이 그림을 본 많은 사람들은, "피카소는 미쳤다!"고 수근 거렸습니다. 사람들 눈에는, 그림에 등장하는 인물이 (처녀들이 아니라) 기하학 도형에 가까운 괴상망측한 캐릭터 같았기 때문입니다. 하지만 이 그림을 본 기욤은, 피카소야말로 새로운 미술 사조인 '큐비즘(입체파)'을 열었다고 극찬합니다. 정육면체를 뜻하는 큐브(cube)처럼 피카소가 2차원의 캔버스에 3차원의 입체를 그렸다는 겁니다. 이후 세탁선은 입체파 운동의 명소로 자리매김하게 됩니다.

입체파 운동을 주도하는 그룹 '퓌토(Puteaux)'를 기획해 만든 것도 화가들이 아닌 시인 기욤이었습니다. 그는 그룹의 명칭을 퓌토에서 섹숑도르(Sectiond'Or)로 바꾼 뒤 1912년 첫 입체파 그룹 전시회를 개최합니다. 마르셀 뒤샹Marcel Duchamp, 1887~1968, 프란시스 피카비아Francis Picabia, 1879~1953, 장 메칭체Jean Metzinger, 1883~1956, 로베르 들로네Robert Delaunay, 1885~1941 등이 섹숑도르에 속한 화가들이었지요.

큐비즘 이후에도 새로운 예술적 진화를 향한 기욤의 실험은 계속되었습니다. 기욤은 1912년 로베르 들로네와 체코 출신 화가 프란티세크 쿠프카František Kupka, 1871~1957의 작품에 관한 평론을 쓰면서 '오르피즘(Orphism)'이

프란티세크 쿠프카, 〈대성당〉, 1913년경, 캔버스에 유채, 180×150cm, 캄파 박물관, 프라하

란 개념을 처음 사용합니다. 기욤은 그리스신화에 등장하는 음악의 신 오르페우스에서 착안했습니다. 회화의 색채에서 음악의 리듬감(율동성)을 이끌어낸 기욤만의 기발한 감상평을 읽을 수 있습니다. 기욤은 쿠프카의 작품을 가리켜 "진정한 회화의 완벽한 본보기"라고 극찬했는데요. 앞쪽의 그림 〈대성당〉은 쿠프카를 오르피즘의 선구자로 이끈 대표작이라 할 수 있습니다.

예술이 멈추거나 퇴보하지 않고 계속 앞으로 나아간다면 오르피즘 다음에 등장하는 사조는 무엇일까요? 바로 초현실주의를 뜻하는 쉬르레알리슴(surrealism)입니다. 큐비즘(입체파)과 오르피즘은 물론 쉬르레알리슴에 이르기까지 20세기 현대미술을 연 미술사조의 개념은 기욤이 만들어낸 것입니다. 서양미술사에 이례적으로 가장 많이 등장하는 시인으로 기욤 아폴리네르가 꼽히는 이유입니다. 초현실주의란, 이성이 지배하는 현실에서 벗어나 비합리적이거나 비현실적인 세계를 표현한 예술사조를 말합니다. 기욤은, "또 다른 실재를 통해 사물의 숨어 있는 본질을 지각한다"는 문장을 통해 초현실주의란 개념을 정의합니다. 그는 1917년 〈퍼레이드(parade)〉란 발레작품에 대한 평론을 쓰면서 초현실주의란 말을 처음 사용합니다. 〈퍼레이드〉는 시인이자 극작가인 장 콕토의 원작에서 작곡가 에릭 사티Erik Satie, 1866~1925가 아이디어를 얻어 곡을 쓰고 피카소가 무대의상을 담당했던 발레공연입니다. 당시 유럽 최고 마에스트로로 꼽히던 에르네스트 앙세르메Ernest Ansermet, 1883~1969가 오케스트라를 지휘했습니다.

한편, 제가 주목한 기욤의 미술적 성취는 큐비즘이나 오르피즘, 쉬르레알리슴 같은 어려운 미술사조하고는 다른 것인데요. 바로 그가 1918년에 펴낸 시집 『캘리그램(calligramme)』입니다. 캘리그램은 '아름답다'를 뜻하는 'calli'와 '글자'를 뜻하는 'gramme'의 합성어로, 쉽게 말해 '시로 그린 그림'이라 할 수 있겠습니다. 시의 문학성과 음악적 리듬(운율)에 미술의 회화적 요소를 결합시킨 것이지요. 혹시 기욤은, 큐비즘에서 오르피즘을 거쳐 쉬르레알리슴 다음에 등장하는 예술사조로 캘리그램을 구상한 게 아닐까 하고 생각해봅니다. 기욤의 캘리그램 중 가장 유명한 작품은 〈Reconnais-toi〉로, 코코 샤넬Coco Gabrielle Chanel, 1883~1971의 모자 브랜드 '샤넬 모드'를 형상화한 것입니다.

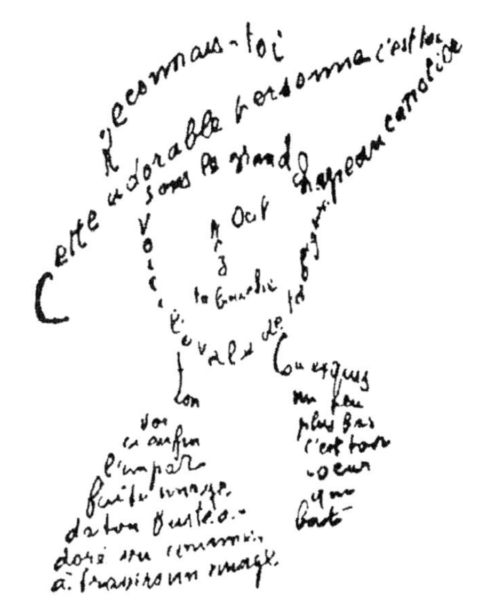

| 기욤 아폴리네르, 〈Reconnais-toi〉, 1915년경

## 가슴 아픈 '아폴리네르 증후군'

●

제1차 세계대전이 터지기 전 벨에포크의 끝자락에 가장 빛났던 예술가를 꼽으라면 저는 주저 없이 기욤 아폴리네르를 올리고 싶습니다. 비록 이탈리아 출신 이방인으로 〈모나리자〉의 절도범 용의자로까지 몰려 철창신세를 져야 했고, 이로 인해 그의 연인이자 뮤즈 마리 로랑생과 이별해야 하는 아픔까지 겪었지만, 그의 예술적 성취는 더할 나위 없이 반짝거렸습니다. 하지만, 벨에포크의 찬란한 영광을 짓밟은 참혹한 전쟁은 기욤의 인생에도 화마(火魔)처럼 덮칩니다.

제1차 세계대전이 터지자 프랑스군에 자원입대한 기욤의 선택은 퍽 아이러니합니다. 세탁선의 아나키스트 지식인으로서 프랑스 정부를 비판해오던 그가 프랑스를 위해 목숨을 걸고 전쟁터에 나간다는 게 말입니다. 그가 참전한 가장 큰 이유는 프랑스 시민권이었습니다. 파리에 살았지만 늘 파리의 주변을 맴돌 수밖에 없었던 이방인 예술가에게, 프랑스 시민권은 진정한 파리지앵이 되기 위한 통과의례 같은 것이었지요.

님므(Nîmes)란 지역의 38포병연대의 소위로 참전한 기욤은, 최전선으로 이동하는 도중 어디선가 날아온 파편에 머리를 맞아 크게 다칩니다. 철모를 쓰고 있어서 다행히 목숨을 건지긴 했지만 오른쪽 관자놀이에 입은 부상으로 인근 야전병원으로 실려가 파편을 제거하는 수술을 받게 됩니다. 수술 후 후유증은 생각보다 심각했습니다. 기욤은 극심한 두통과 균형장애를 호소하더니 급기야 왼쪽 부위에 마비증세까지 일어납니다. 결국 부대 밖으로 나와 파리의 큰 병원에서 개두술(Craniotomy)을 받습니다. 두개골을 절개하여 뇌를 노출시킨 상태에서 진행하는 매우 위험한 수술이지요.

기욤은 아마도 만성 경막하 혈종(Chronic Subdural Hematoma) 증세가 있어 보존적 시술을 한 것으로 보입니다. 뇌를 싸고 있는 뇌경막 아래쪽으로 혈종이 고인 것을 경막하 출혈이라고 하는데요. 경막하 출혈은 생명을 위협하는 질환으로 즉각적인 치료가 필요합니다. 자칫 치료시기를 놓쳐 만성으로 진행될 경우 신체의 일부에 장애가 오는 편마비 및 언어장애와 뇌신경마비를 겪게 되지요.

파블로 피카소, 〈머리를 다쳐 붕대를 감은 아폴리네르의 측면 초상화〉, 1916년, 소묘, 31.3×23.1cm, 피카소 미술관, 파리

기욤은 수술로 마비증세가 풀려 서서히 회복하여 안정상태로 가는 듯했습니다. 그런데 후유증이 문제였습니다. 기욤의 후유증은 엉뚱하게도 당시 그의 약혼자였던 마들렌 파제스와의 파혼으로 이어집니다. 이를 밝혀낸 건 뜻밖에도 2003년 스위스의 신경과 전문의 줄리안 보구슬라브스키Julien Bogousslavsky가 쓴 한 논문입니다. 줄리안은, 기욤이 오른쪽 측두엽(Temporal Lobe) 손상으로 마들렌과의 사랑을 잃었다는, 의학자로서는 매우 유니크한 논문을 발표합니다. 즉, 오른쪽 측두엽은 감정 형성에 중요한 변연계(Limbic System)를 포함하고 있는데, 평소 감성적이고 다정다감했던 기욤의 성격이 후유증으로 인해 크게 변했다는 겁니다. 이런 기욤에게서 약혼자는 사랑이 식었다고 여겼고, 두 사람은 결국 파혼에 이르렀다는

겁니다. 실제로 당시 기욤의 측근들은, 그가 병상에서 일어난 직후 감정이 불안정해지고 정서적으로도 크게 둔감해졌다고 했습니다.

이와 관련해서 가장 최근인 2020년에도 매우 흥미로운 논문이 발표됐습니다. 「세계대전 당시 부상당한 프랑스 예술가 3인의 신경학(The neurology behind three wounded French artists during the great world war)」이라는 논문에서, 기욤은 뇌 부상 이후 다른 신경기능 장애는 없었고 오직 감정적인 변화만 겪었다고 밝혔는데요. 논문은 이를 가리켜 '아폴리네르 증후군(Apollinaire Syndrome)'으로 이름 붙였습니다. 기욤의 성을 붙인 질환까지 발표된 건 의학계로서는 꽤 흥미로운 일이지만, 그 시절 기욤 자신에게는 매우 절망적이었을 것입니다. 감정과 정서가 메말라 버린다는 건 시인으로서 사형 선고와 같은 얘기니까요.

기욤은 일상생활을 하는데 지장이 없을 정도로 회복했고, 또 그토록 그가 원했던 프랑스 시민권도 획득했습니다. 가끔씩 평론도 쓰고 강연회도 다니며 생활을 이어갔지만 시를 쓸 수 없는 시인의 삶은 무기력했습니다. 1918년 겨울 그는 폐렴 증상으로 입원해 치료를 받다가 폐가 크게 손상됐다는 진단을 받습니다. 역시 전쟁이 원인이었습니다.

제1차 세계대전은 최초로 대규모 독가스전이라고 하는, 인류에게 지울 수 없는 멍에를 가져다 준 비극이었습니다. 전쟁사가들은, 제1차 세계대전의 가장 큰 특징으로 참호전과 가스전을 꼽습니다. 참호를 파놓고 지루

한 공방을 벌이던 독일군에게 프랑스군은 최루가스가 담긴 수류탄을 사용합니다. 이에 질세라 독일군도 가스무기를 개발합니다. 염소가스와 포스겐 가스 및 가장 강력한 화학무기로 알려진 머스터드 가스(Mustard Gas)가 그것입니다. 일명 겨자가스로도 불리는 머스터드 가스는 대포나 박격포로 살포했는데, 가스가 피부에 닿기만 해도 미란성 수포가 발생하면서 병사들에게 엄청난 고통을 안겨주었습니다. 좁은 참호에 흘러들어온 가스 때문에 병사들은 눈을 뜰 수가 없었고 극심한 기관지 통증과 함께 구토를 일으켰습니다. 가스에 심하게 노출될 경우에는 고통에 시달리다 결국 사망에 이르게 할 정도로 치명적인 화학무기였습니다. 이 머스터드 가스가 기욤의 폐를 망가트린 거지요.

같은 해인 1918년에 전 유럽을 덮친 스페인독감은 기욤을 죽음으로 몰고 갑니다. 스페인독감이 유독 유럽에서 사망자를 많이 낸 건 제1차 세계대전의 화학무기 가스와 무관하지 않습니다. 전쟁에서 맹독가스로 폐 손상을 입은 기저질환자들에게 스페인독감은 치명적이었습니다. 지금 전 세계에 불어닥친 코로나19가 특히 호흡기 관련 기저질환자에게 위험한 것과 다르지 않습니다.

기욤은 1918년 11월 9일 서른여덟이라는 젊은 나이로 영면합니다. 시인이자 예술가로서 불꽃같은 인생을 살았지만 그는 결국 이방인이었고, 그래서 그의 죽음은 더욱 고독하게 다가옵니다. 언제가 저는 그가 묻힌 파리 동쪽 페르 라세즈 묘지에서 故 황현산 선생의 글을 읽었던 적이 있습니다.

존 싱어 사전트가 그린 〈가스전〉이라는 그림입니다. 런던 임페리얼 전쟁 박물관에 전시된 이 그림은, 폭이 무려 6미터를 넘는 대작입니다. 제1차 세계대전 당시 독일군의 머스터드 가스 살포로 부상당한 영국군들이 응급치료소로 이동하는 모습입니다. 당시 사전트는 동료 종군화가 헨리 통크스와 함께 야전병원에

존 싱어 사전트(John Singer Sargent, 1856~1925), 〈가스전〉, 1919년, 캔버스에 유채, 231×611.1cm, 임페리얼 전쟁 박물관, 런던

있었는데, 그곳에서 머스터드 가스에 노출되어 극심한 고통에 시달리는 수백 명의 부상병들을 지켜봤다고 합니다. 대부분 눈에 붕대를 감고 있는 부상병들은 통증을 참으며 질서정연하게 줄을 서서 응급치료소가 차려진 천막으로 들어가고 있습니다. 아직 치료를 받지 못하고 기다리는 병사들이 바닥에 즐비하게 누워 있는 모습에서 전쟁의 참상이 느껴집니다.

"나는 내 작품에 일곱 사람 이상의 애독자를 기대하지 않지만 그 일곱 사람의 성(性)과 국적이 다르고 신분이 달랐으면 좋겠습니다. 내 시가 미국의 흑인복서, 중국의 황후, 적국인 독일의 신문기자, 스페인의 화가, 프랑스의 양갓집 규수, 이탈리아의 젊은 농사꾼 여자, 인도에 파견된 영국 장교에게서 사랑을 받는 것을 소망합니다."

이 글은 참전 중인 기욤에게 보낸 어떤 여성의 위문편지에 그가 보낸 답장 중 일부를 황현산 선생이 우리말로 옮긴 겁니다. 황 선생은 기욤의 시집 『알코올』의 한국어판에 저와 같이 무지한 독자들을 위해 친절한 미주(尾註)를 달아 주셨던 고맙고 훌륭한 분이지요. 기욤의 답장에는 계급과 국적을 넘어 문학과 예술이란 언어로 소통하고 싶었던 그의 소망이 담겨있습니다. 하지만 그의 꿈은 지금까지도 이뤄지지 않았습니다. 〈모나리자〉의 절도범으로 몰려야 했고, 시민권을 얻기 위해 전쟁에 뛰어들어야 했던 '시대의 부조리'가 또 다른 형태로 여전히 세계 도처에서 벌어지고 있기 때문입니다.

언젠가 코로나가 종식되어 다시 파리에 가게 되면 미라보 다리에서 기욤 당신과 당신의 뮤즈 마리와 세탁선에서 당신과 동고동락했던 친구들을 위해 기도하겠습니다.

*Hippocrates Gallery*

*04*

•

# '굿 닥터'의 조건

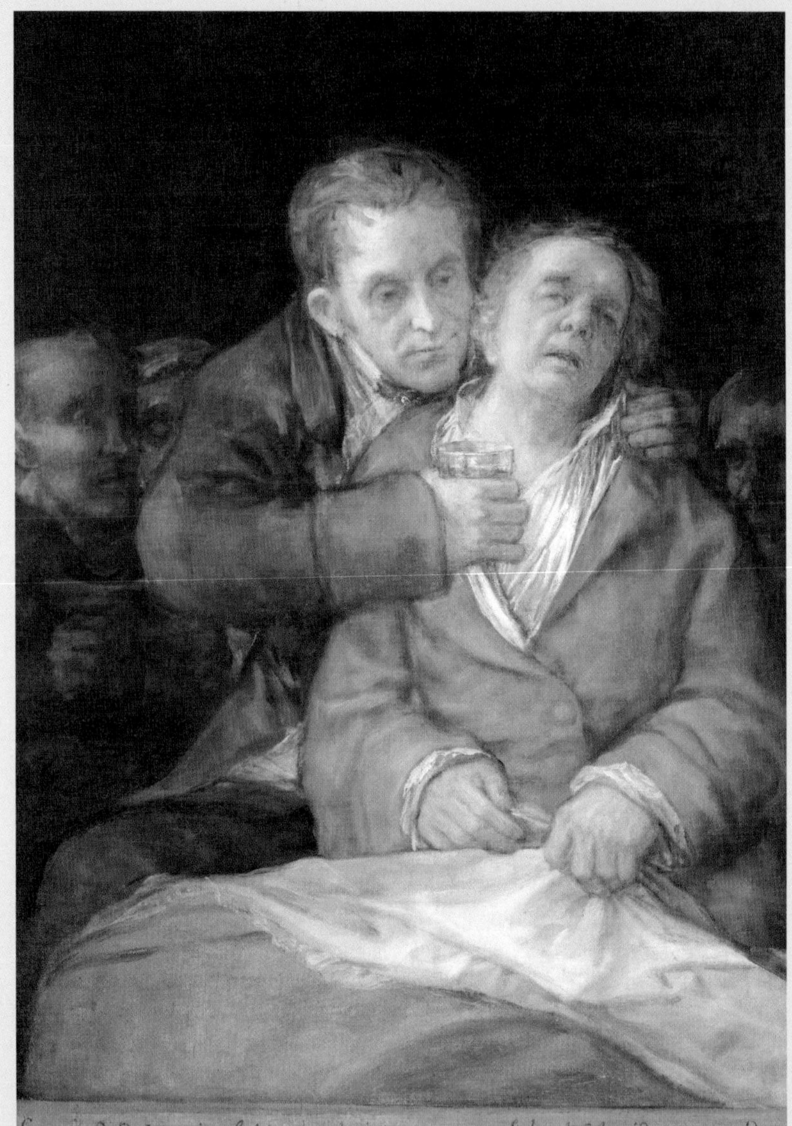


프란시스코 고야, 〈의사 아리에타와 함께 한 자화상〉, 1820년,
캔버스에 유채, 114.6×76.5cm, 미니애폴리스 미술관, 미네소타

한 남자가 몸을 가눌 수 없을 정도로 병약한 환자를 부축해 일으켜 약을 먹이려고 합니다. 환자의 표정만으로 병환이 깊었음을 알 수 있습니다. 힘없이 이불을 쥐어 잡은 환자의 오른손에서 마지막까지 삶의 끈을 놓지 않으려는 절박함이 느껴집니다.

스페인의 거장 고야Francisco José de Goya y Lucientes, 1746~1828가 그린 〈의사 아리에타와 함께한 자화상〉입니다. 그렇습니다. 그림 속 환자는 중병에 걸린 고야 자신입니다. 그런 고야를 부축해 약을 먹이는 남자는 의사 아리에타Eugenio García Arrieta입니다. 고야는 이 그림을 그린 뒤 하단에 다음과 같이 썼습니다.

"1819년 말에 중하고 위험한 병에 걸린 일흔셋의 나를, 뛰어난 의술과 정성으로 구해준 벗 아리에타에게 감사한 마음을 담아 1820년 이 그림을 그리다."

## 지극정성한 왕진 덕분에

•

스페인 궁정화가였던 고야는 어느 해 여행에서 이름 모를 열병에 걸려 시름시름 앓더니 그 후유증으로 청력을 잃고 맙니다. 한번 나빠진 건강은 쉽게 회복되지 않았습니다. 머리가 깨질 것 같은 두통과 현기증에 시달리던 고야는 결국 궁정화가 일을 그만 둡니다. 당시 의사들은 고야가 어떤 병에 걸렸는지 정확하게 진단하지 못했습니다. 오늘날에 이르러 의학자들은 문헌의 기록을 토대로 고야가 메니에르병(Meniere's Disease)과 유사한 바이러스 질환, 혹은 인플루엔자, 납중독, 신경매독에 걸렸을 거라며 다양한 병명을 추론하지만, 어디까지나 추론일 따름입니다. 이 가운데 메니에르병은 발작성으로 나타나는 회전감 있는 어지럼증과 청력 저하, 이명(귀울림), 이충만감(귀가 꽉 찬 느낌) 등이 동시에 나타나는 병으로, 당시 고야가 앓던 증상에 가장 가까운 질환입니다. 하지만 메니에르병은 고야가 사망한지 30여 년이 지난 1861년에 프랑스 의사 메니에르Prosper Menière, 1799~1862가 그 증상을 처음으로 기술합니다. 고야가 메니에르병을 앓았다고 하더라도 그의 병명을 정확히 알 수가 없었겠지요.

호주 출신 미술평론가 로버트 휴즈Robert Hughes는 〈의사 아리에타와 함께한 자화상〉에 등장하는 아리에타를 통해 고야가 앓았던 병을 추론합니다. 아리에타는 지중해를 운항한 선박을 통해 북아프리카로부터 건너온 전염병(plague)에 정통한 의사였고, 따라서 고야의 병도 당시 스페인에 유행한 전염병이었을 가능성이 높다는 겁니다.

아무튼 고야가 사십대 후반의 나이에 수석궁정화가직까지 내려놓을 정도였으니 그의 병환이 꽤 위중했음은 분명한 사실입니다. 수석궁정화가는 당시 스페인에서 화가의 신분으로 올라갈 수 있는 가장 높은 직위였으니까요. 이처럼 병은 고야의 삶 전체를 뒤바꿔 놓습니다. 그는 모든 걸 내려놓고 마드리드 외곽에 허름한 집 한 채를 구입해 그곳에서 죽을 때까지 세상과 절연한 채 그림에만 전념합니다. 이 집의 전 주인이 고야처럼 청각장애인이었기 때문에 동네 사람들은 이곳을 '귀머거리 집(Quinta del Sordo)'이라 불렀습니다. 이 집에서 고야는 실내 1층과 2층 벽면에 석고를 바른 뒤 14점의 연작을 완성하는데요. 그림들은 대부분 어둡고 괴기스럽습니다. 아들을 잡아먹는 사투르누스를 비롯해 순례 길에 오른 광기 어린 군중들, 마녀의 안식일에 이르기까지 인간의 가장 추악하고 참혹한 속성을 검은 벽면에 채웁니다. 훗날 사람들은 이 연작을 가리켜 '고야의 검은 그림들(Black Paintings)'이라 이름 붙입니다.

프란시스코 고야, 검은 그림들 중 〈마녀의 안식일〉, 1821~23년,
캔버스에 유채, 138×436cm, 프라도 미술관, 마드리드

〈의사 아리에타와 함께한 자화상〉은 고야가 검은 그림들 작업에 들어가기 바로 전에 그린 것입니다. 그림을 가만히 살펴보면 검은 그림들 연작의 분위기가 느껴집니다. 배경에 희미하게 보이는 정체불명의 검은 그림자들 때문입니다. 아마도 그들은 저승사자일 것입니다. 저승사자들은 죽음에 임박한 고야의 영혼을 데려가려고 기다리는 중입니다. 고야의 영혼이 금방이라도 그의 육신을 빠져나올 것 같습니다. 섬뜩합니다. 하지만 고야의 곁에는 의사 아리에타가 있습니다. 아리에타는, 저승사자들이 고야의 영혼을 쉽게 데려가도록 허락하지 않습니다.

아리에타는 꺼져가는 고야의 목숨을 살리기 위해 무거운 왕진가방을 챙겨들고 그의 집을 수없이 드나들었습니다. 당시 스페인의 의료 시스템에서 원인불상의 중병을 앓던 고야가 요양과 치료를 받을만한 병원은 흔치 않았습니다. 지금으로부터 200여 년 전인 19세기 초엽이었고, 의학보다는 대체의술이나 종교가 인간의 안위에 가까웠던 시대였지요. 의학이 미덥지 못했던 바로 그 시절에 고야는 아리에타의 지극정성한 왕진 덕분에 당장의 죽음을 모면합니다. 왕진(往診)! 의사가 병원을 나와 환자가 있는 곳으로 가서 진료하는 것이지요. 지금은 생경한 말이지만, 과거 의사들은 의료기기와 약품들로 빼곡한 가방을 들고 거동이 어려운 환자들을 집집마다 찾아 나섰습니다. 아리에타처럼 말이지요. 왕진은 의학이 인간의 삶 속으로 스며들기 위한 가장 적극적인 수단 가운데 하나였습니다. 의사의 왕진을 빼놓고 의학의 역사를 이야기할 수 없는 이유입니다.

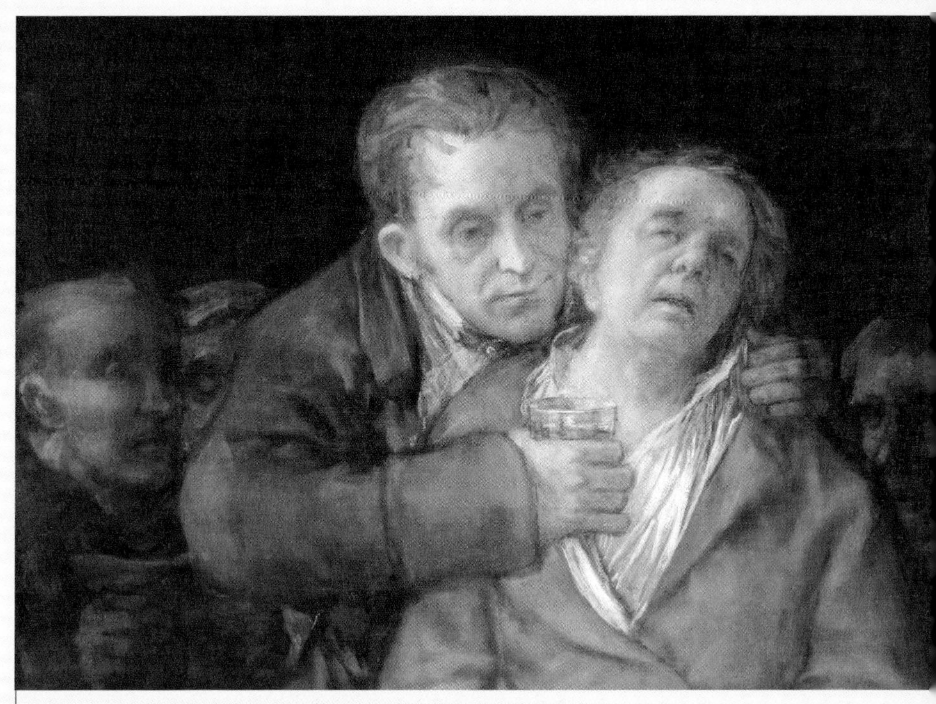

프란시스코 고야, <의사 아리에타와 함께 한 자화상> 중 저승사자 부분

고야는 의사 아리에타의 극진한 치료로 잠시 회복한 뒤 원인 모를 중병으로 사경을 헤매던 자신의 모습을 그림으로 남겼습니다. 고야는 그림의 배경에 저승사자들로 짐작되는 무서운 그림자를 그렸습니다. 죽음의 문턱까지 갔던 절박한 순간을 그린 것입니다. 밝고 온화한 아리에타와 어둡고 무서운 저승사자가 삶과 죽음을 우의적으로 표사합니다.

## 의술의 신 혹은 전설적인 명의?

•

그를 가리켜 누군가는 '의술의 신'이라고 하고, 다른 누군가는 '전설적인 명의(名醫)'라고도 합니다. 아스클레피오스Aesculapius 얘기입니다. 의학을 상징하는 '뱀이 똬리를 튼 지팡이'를 집고 서 있는 조각상으로 유명하지요. 그리스 신화는 아스클레피오스를 가리켜, 아폴론과 코로니스 사이에서 태어나 켄타우로스(반인반마) 케이론에게서 의술을 배운 신으로 소개합니다. 한편, 아스클레피오스가 '의학의 아버지' 히포크라테스와 동시대인 기원전 475년에서 425년 사이에 활동했던 명의라는 기록도 있습니다. 그가 워낙 신기(神技)에 가까운 의술을 펼친 탓에 후대 사람들이 신격화했다는 겁니다.

오른쪽 그림은 영국 출신의 화가 존 윌리엄 워터하우스John William Waterhouse, 1849~1917가 그린 〈아스클레피오스 신전을 찾은 아픈 아이〉라는 그림입니다. 사제가 아픈 아이를 위해 무엇인가 치료를 하려는 듯이 보입니다. 그림 속 공간은 아스클레피오스를 기념하기 위해 기원전 770년에 그리스 중북부 테살리아에 세워진 신전입니다. 여러 질병에 시달렸던 고대 그리스인들이 이곳에 찾아와 곡물을 바치고 쾌유를 빌었습니다. 그런데 시대가 변하면서 이 신전은 경배의 장소에서 진료를 겸한 병원의 기능까지 하게 됩니다. 이곳에서 주로 시행했던 치료 방법은 수치료법(水治療法, hydropathy)으로 알려져 있습니다. 이를테면 지금의 온천 효능인 목욕치료인 셈이지요.

존 윌리엄 워터하우스, 〈아스클레피오스 신전을 찾은 아픈 아이〉, 1877년,
캔버스에 유채, 170×208cm, 개인 소장

엄마가 아픈 아이를 데리고 찾은 곳은 병원이 아니라 신전입니다.

병에 걸린 것은 단지 '신의 뜻'이라고 믿었던 시절에 의학이 설 자리는 없었습니다.

고대인들은 질병의 원인을 주로 초자연적인 현상에서 찾았습니다. 병에 걸린 사람들은 뭔가 부정한 행동을 저지른 벌로 신의 저주를 받았다고 여겼지요. 병에 걸렸을 때 신전을 찾을 수밖에 없었던 겁니다. 그렇게 신전은 자연스럽게 병원의 역할까지 하게 됩니다. 인류 최초의 병원이 대개 종교시설과 관련되어 있는 이유가 여기에 있습니다. 역사상 가장 오래된 병원 가운데 하나인 이집트의 사원에서 환자를 치료했다는 기록이 이를 뒷받침 합니다.

그림 한 점을 더 보겠습니다. 영국 빅토리아 여왕 시대의 신고전주의 화가 에드워드 존 포인터 경Sir. Edward John Poynter, 1836~1919이 그린 〈아스클레피오스를 찾아온 여신들〉입니다. 실오라기 하나 걸치지 않은 알몸의 여신들이 가운을 두른 노인 앞에 있습니다. 그림 제목에서 알 수 있듯이 노인은 아스클레피오스입니다. 아스클레피오스의 바로 앞에 있는 여신이 한쪽 다리를 들고 있습니다. 그녀는 아프로디테, 즉 비너스입니다. 발을 다쳐 치료를 위해 아스클레피오스를 찾아왔습니다. 아프로디테 뒤에 있는 여신 셋은 제우스의 딸들인 '삼미신'입니다. 다친 비너스를 수행하기 위해 함께 온 것입니다.

사실 화가 포인터가 이 그림을 그린 의도는 의술의 신 아스클레피오스가 아닙니다. 그는 여성의 누드를 그리고 싶었습니다. 하지만 사회적으로 음란의 시비가 두려워 여인 대신 여신의 누드를 그린 것이지요. 여성의 벗은 몸을 바라보는 대상은 당연히 남성이어야 하겠지만, 포인터는 그

에드워드 존 포인터 경, 〈아스클레피오스를 찾아온 여신들〉, 1880년,
캔버스에 유채, 151.1×228.6cm, 테이트 브리튼 미술관, 런던

또한 사회적 물의를 일으킬까봐 두려웠습니다. 그래서 노인을, 그것도 의술의 신인 아스클레피오스를 그려 마치 진료를 보는 것처럼 꾸민 겁니다. 아스클레피오스는 아프로디테의 벗은 몸을 그저 눈으로만 살펴야 하는 시진(視診)을 하고 있습니다.

누드화를 그리기 위해 의술의 신 아스클레피오스를 등장시킨 화가 포인터의 그림은 미술사에서는 가벼운 에피소드로 여겼을지 모르지만, 의학의 역사에서는 유쾌하게 웃어넘길 일만은 아니었습니다. 화가들이 누드를 그리기 위한 수단으로 의학을 활용한 예가 포인터의 그림말고도 적지 않았기 때문입니다. 바꿔 말한다면 인류의 역사에서 의술의 존재가치가 제대로 평가받은 것이 얼마 되지 않은 일이라는 얘기이지요. 병에 걸렸다는 것은 신이 내린 벌이기에 병을 고치는 의술이 자칫 신의 뜻을 거스르는 불경스런 것으로 비춰질 수도 있었기 때문입니다.

## 지난했던 의학의 수난사

•

인류 역사에서 의술에 대한 평가가 시원찮았으니 의사들의 사회적 지위도 기대하기 힘들었겠지요. 특히 외과의사는 '그레이트 서전(Great Surgeon)'이라는 말이 무색할 정도로 제대로 인정받지 못했던 직업이었습니다. 오른쪽 그림은 한스 홀바인Hans Holbein the Younger, 1497~1543이 그린 〈헨리 8세와 이발사 외과의사들〉입니다. 그런데 이발사 외과의사(Barber Surgeon)라니요? 그렇습니다. 고대와 중세 시대에는 이발사가 외과의사 역할을 겸임했습니다. 두 직업이 하나였던 셈이지요. 오늘날 이발소를 상징하는 빨강, 파랑, 흰색의 표시등은 동맥과 정맥, 붕대를 뜻합니다.

외과의사의 인식을 바꾼 사람은 토머스 바카리Thomas Vicary, 1490~1561라는 궁정의(宮廷醫)였습니다. 그는 헨리 8세가 부상당한 까다로운 다리 상처를 말끔히 치료하면서 왕으로부터 큰 신임을 얻게 됩니다. 외과의사의 지위를 격상시키는 계기가 된 것이지요. 헨리 8세는 외과의사를 이발 업무에서 독립시키고 외과의사 단체도 설립합니다. 아무튼 궁정화가인 한스 홀바인이 헨리 8세와 외과의사들의 단체초상화를 그렸다는 것 자체가 당시로는 대단한 사건이라 할 수 있겠습니다.

외과의사의 신분이 급상승한 배경에는 전쟁도 있었습니다. 프랑스의 외과의사 앙브루아즈 파레Ambroise Paré, 1510~1590는 이탈리아로 진군하는 프랑스 군대에 군의관으로 참전해 칼과 창에 찔린 수많은 부상병들을 지혈하

한스 홀바인, 〈헨리 8세와 이발사 외과의사들〉, 1543년,
목판에 오크, 180.3×312.4cm, 영국 런던 왕립 외과대학교

헨리 8세의 궁정화가 한스 홀바인이 그린 단체초상화입니다. 헨리 8세의 양 옆에 도열한 사람들은 마치 남작 작위 수여식을 앞둔 귀족들 같지만, 뜻밖에도 이들은 이발사 외과의사입니다. 지금은 상상할 수 없는 일이지만 고대와 중세 시대에 이발사와 외과의사는 하나의 직업이었습니다. 이발과 외과적 치료를 같은 성격의 일로 여긴 거지요.

고 봉합했습니다. 사람들은 전쟁에서 외과의사의 역할이 군인 못지않게 중요하다고 깨닫게 됩니다. 그리고 의사의 역할과 의술의 중요성은 자연스럽게 일상생활로 스며듭니다. 전쟁은 끝났지만 일상으로 돌아온 부상병들의 치료는 계속되어야 했으니까요. 현실적으로 신들이 할 수 없는 치료를 의사가 해낸다는 당연한(!) 인식이 그렇게 확립됩니다.

이후 종교개혁은 의학에 큰 변화를 가져다주었습니다. 부자는 좋은 일을 해서 신의 축복을 받았고 가난한 자는 그 죄의 대가를 질병으로 치러야 한다는, 부패한 교회들의 주장이 얼마나 허무맹랑한지 만천하에 드러나지요. 사람들은 누구나 아프지 않을 권리가 있음을 자각하기 시작합니다. 세속권력을 차지한 왕이 의료체계를 장악하는 한편, 경제력을 잃은 교회는 의료를 담당할 수 있는 여력을 상실합니다. 이때 헨리 8세는 교회가 병원에 대한 지원을 더 이상 할 수 없게 되자 국가가 직접 병원을 운영하는 시스템을 도입합니다.

그리고 의학의 역사에도 코페르니쿠스적 전환에 해당하는 거대한 변혁이 일어납니다. 17세기 영국의 생리학자 윌리엄 하비William Harvey, 1578~1657가 혈액순환의 원리를 주창하면서입니다. 이탈리아 파노바 대학에서 의학 박사 학위를 받은 그는, 당시 교회로부터 절대적 지지를 받아온 갈레노스Claudios Galenos, 129~199의 4체액설을 정면으로 반박합니다. 고대 그리스 철학자이자 의학자인 갈레노스는, 혈액(haima), 점액(phlegma), 황담즙(chole), 흑담즙(melan chole)이라는 네 가지 체액을 기초로 인간의 신체 작용과 병리 현상을 설명했고, 이것이 진리로 받아들여져 왔습니다.

하지만 하비는, 대정맥과 심장에 있는 판막은 혈액을 한 방향으로만 흐르게 하는 것으로, 펌프 역할을 하는 심장이 생명의 기본이자 근원임을 밝힙니다. 하비의 혈액순환설은 센세이션을 일으켰지만, 교회의 강력한 비난에 직면해야 했습니다. 교회는 하비의 혈액순환설을 이단으로 취급했고, 그에게 진료를 받던 사람들마저 등을 돌렸습니다. 하지만 하비는 교회의 비난을 재반박하지 못했습니다. 현미경이 실용화되지 못한 시기에 무엇이 동맥과 정맥을 연결하는지 하비는 명확하게 밝혀낼 수가 없었습니다. 하비의 억울함과 답답함은 그가 혈액순환설을 발표한 지 30년이 지나서야 풀렸습니다. 1661년 이탈리아의 생물학자 마르첼로 말피기Marcello Malpighi, 1628~1694가 개구리의 폐 조직에서 동맥과 정맥을 이어주는 모세혈관을 발견하면서 하비의 혈액순환설이 얼마나 위대한 연구였는지 밝혀진 것이지요.

다니엘 미텐스, 〈윌리엄 하비의 초상화〉, 1627년, 캔버스에 유채, 72×61cm, 내셔널 포트레이트 갤러리, 런던

이처럼 의학은 바이러스와 질병과의 전쟁을 치르기에 앞서 부패한 종교와 이를 지지하는 세력들과 치열한 싸움을 벌여야 했는지도 모르겠습니다. 그것은 의학이 인간의 삶에 스며들기 위한 고통스런 통과의례 같은 것이었습니다.

## 왕진가방의 아련한 추억이 그리운 시대

•

근대에 이르러 의사들은 드디어 교회로부터 독립한 의학을 가지고 세상 속으로 뛰어듭니다. 마을마다 병원을 짓고 또 거동이 불편한 환자들을 찾아 나섭니다. 의사와 환자는 처음부터 같은 길을 걸어야 하는 운명이었음을 드디어 깨닫게 된 거지요.

하지만, 의사와 환자의 동행은 오래가지 못합니다. 20세기 이후 온 세상에 몰아친 자본주의라는 괴물이 둘 사이에 거대한 불신을 조장하지요. 영리에 눈이 먼 의사들에게 환자는 한낱 돈을 버는 수단으로 비춰집니다. 세상 사람들이 의사라는 직업을 선호하고 선망할수록, 의사들로부터 외면 받는 가난한 환자들이 늘어만 가는 기이한 현상을 어떻게 설명해야 할까요? 그렇게 자본주의 괴물과의 전쟁에서 속수무책으로 패한 20세기의 의학은 어느새 자본주의를 이끄는 괴물이 되고 맙니다.

21세기의 의학은 훨씬 더 암울합니다. 4차 산업혁명이라는 기치 아래 최첨단 의료기기와 바이오산업이 전 세계 자본시장을 호령합니다. 큰돈이 되지 않는 의술은 더 이상 의료계에서 발붙일 수가 없습니다. 심지어 막대한 투자를 이끌고 거대한 시장을 형성하는 의료산업으로의 전환을 국가가 나서서 추진합니다. 머지않아 의사 대신 AI(인공지능 시스템)가 약을 처방하고, 환자가 굳이 병원을 방문하지 않아도 원격으로 진료를 볼 수 있는 세상이 도래하고 있음을 강조합니다. 이뿐만이 아닙니다. 어마무시한 빅데이터가 모든 사람들의 건강 상태를 모두 알고 있고, 또 친절한(!) 주치의가 되어 꼼꼼히 체크해 준다는 얘기도 빠지지 않습니다. '21세기형 의술의 신'이 탄생한 것일까요? 말만 들어도 의료 사각지대 같은 것은 세상에 더 이상 존재하지 않을 것 같습니다. 그런데, 정말 믿어도 될까요? 진정 우리의 삶은 건강해지고 있는 걸까요? 의료계에 4차 산업혁명이 일어나면 우리 모두 질병으로부터 자유로워질까요?

여러분께 꼭 보여드리고 싶은 그림 한 점이 있습니다. 미국의 화가 노먼 록웰Norman Rockwell, 1894~1978이 그린 것으로 1938년 12월 24일자 「새터데이 이브닝 포스트(Saturday Evening Post)」의 표지를 장식한 일러스트입니다. 〈그는 단지 좋은 의사였고, 우리를 완전히 알고 있었습니다〉란 긴 제목의 그림입니다. 그림 속 나이 든 의사가 아이의 등에 청진기를 대고 진찰하고 있습니다. 발아래 왕진가방이 보입니다. 의사는 노구를 이끌고 아이의 집으로 왕진을 나온 것입니다. 아이를 안심시키려는 듯 엄마의 표정이 더없이 온화합니다. 엄마는 아이를 바라보고 있지만 저는 그녀의 표정에서 의사에 대한 깊은 신뢰를 느낍니다. 아이를 진찰 중인 의사가 아이의 건강에 대해서 세세한 부분까지 소상히 파악하고 있기 때문입니다. 그는 진정 '좋은 의사(Good Doctor)'입니다.

AI가 진료를 하는 4차 산업혁명 시대에 여러분께 보여드리고 싶은 그림이 고작 왕진의사를 그린 것이라니, 너무 시대에 역행하는 건 아닌지 모르겠습니다. 하지만 우리에게 진정으로 필요한 의사는 우리 가슴에 직접

노먼 록웰, 〈그는 단지 좋은 의사였고, 우리를 완전히 알고 있었습니다〉, 1938년, 66.7×54.6cm, 개인 소장

청진기를 대고 환자의 고통을 속속들이 알아내기 위해 분투하는 사람들이 아닐까요? 환자가 필요로 할 때면 왕진가방을 챙겨들고 그의 곁으로 달려갈 수 있는 의사 말입니다. 환자를 살릴 수 있는 건 그 어떤 첨단의술도 아닌, '진심'과 '정성'이라는 것을 잊고 싶지 않습니다. 지극정성으로 위중했던 고야의 곁을 지킨 의사 아리에타가 그립습니다.

*Hippocrates Gallery*

*05*

•

# 그녀의 가는 허리가 슬픈 이유

프란츠 빈터할터, 〈오스트리아 엘리자베스 황후〉,
1865년경, 캔버스에 유채, 158×117cm, 비엔나 미술사 박물관

몇 년 전 비엔나 미술사 박물관에서 눈이 부시게 아름다운 여인을 만났던 기억이 납니다. 백문이 불여일견(百聞, 不如一見)! 왼쪽의 그림을 감상하시겠습니다. 대단하지요! 그런데 고작 '눈이 부시게'라니요. 제가 소유한 표현의 빈곤을 절감하는 순간입니다.

이 그림 앞에서 입을 다물지 못했던 건 여인의 긴 머릿결 때문입니다. 허리 아래까지 늘어트린 웨이브 진 머리카락을 좀 보시지요. 도대체 어떤 화가가 이토록 섬세한 붓질을 할 수 있었던 걸까요? 긴 머릿결에 시선을 빼앗긴 탓에 여인의 고혹적인 이목구비와 우아한 어깨선, 백옥 같은 피부에 대해서는 나중에야 감탄을 했답니다.

이 그림은 프란츠 빈터할터Franz Xaver Winterhalter, 1805~1873란 독일 출신의 화가가 뽐낸 환상적인 솜씨입니다. 여인의 남편이 특별히 의뢰해서 그린 거라는 군요. 그가 누군지 부럽습니다.

## 가혹한 운명의 장난

그림 속 여인의 남편은 프란츠 요제프 1세Franz Joseph I, 1830~1916로 오스트리아 황제입니다. 여인은 당연히 황후겠지요. 엘리자베스 폰 비텔바흐Elisabeth von Wittelsbach, 1837~1898가 그녀의 정식 이름입니다. 그녀의 아버지는 바이에른 공작 막시밀리안으로 지금의 독일 남부와 오스트리아 일부 지역을 다스린 영주입니다. 그런데 우리는 지금부터 그녀를 엘리자베스라 하지 않고 '씨시(Sisi)'라고 부를 것입니다. '씨시'는 그녀의 아버지가 부르던 애칭인데요. 흥미롭게도 오스트리아인들은 그녀를 '씨시황후'로 기억합니다.

아무튼 씨시가 오스트리아라는 대국의 황후가 된 건 누구도 예상할 수 없던 일이었습니다. 프란츠 황제가 스물세 살이 되던 해 그의 어머니 조피태후Sophie Friederike von Bayern, 1805~1872는 신부감을 찾아 나섭니다. 바이에른 영주 가문 출신인 조피태후는 신부감을 자신의 일가에서 찾았는데, 그녀의 조카인 헬레느를 간택하지요. 씨시의 언니입니다. 황제는 미래의 신부감을 바트 이슐이란 휴양지로 초대했는데, 이때 동생 씨시도 동행합니다. 자매의 운명은 이곳 바트 이슐에서 뒤바뀝니다. 황제는 언니 헬레느보다 훨씬 예쁜 동생 씨시에게 한눈에 반합니다. 마치 친구 오디션 따라갔다 친구는 떨어지고 자신이 붙어 인기스타가 된 연예인 에피소드 같습니다. 아무튼 황제의 선택권은 절대적이었습니다. 어머니 조피태후의 만류에도 불구하고 헬레느 대신 씨시를 아내로 맞이합니다.

칼 폰 필로티 & 프란츠 애덤, 〈포센호펜 성에서의 오스트리아 신부 엘리자베스〉, 1853년, 캔버스에 유채, 128×108cm, 개인 소장

승마를 유난히 좋아했던 씨시의 초상화입니다. 이 그림은 약혼 직전 프란츠 황제에게 보낸 크리스마스 선물이었습니다. 씨시의 아버지 막시밀리안 공작이 당시 최고의 초상화가인 칼 폰 필로티와 프란츠 애덤에게 공동으로 의뢰했을 정도로 공을 들인 작품입니다. 혹시라도 결혼 전에 황제의 마음이 바뀌지 않도록 하기 위해 씨시의 미모를 한껏 부각시킨 그림이지요.

갑자기 황후가 된 씨시의 기분은 어땠을까요? 언니에겐 미안했지만 씨시의 잘못이 아니었지요. 아무튼 열다섯 살 소녀 씨시로서는 황제의 아내가 된다는 게 마냥 신기했을 뿐입니다. 훗날 자신에게 닥칠 불행까지 걱정하기에는 그녀의 나이가 한참 어렸지요.

씨시가 황제 프란츠에게 호감이 없었던 건 아니었습니다. 이 젊은 황제는 왕족과 귀속 출신 뭇 여인들의 마음을 뒤흔들 만큼 꽃미남인데다 귀품있는 신사였지요. 하지만 황제와 씨시의 사랑은 순탄하지 않았습니다. 황제는 밤낮으로 국정에 시달리느라 여유가 없었고, 그런 남편 곁에서 어린 황후는 늘 외로운 시간을 보내야 했지요. 고향 바이에른에서 부모의 사랑을 독차지하며 자유롭게 생활했던 어린 소녀에게 오스트리아 제국의 황후는 결코 쉬운 자리가 아니었습니다. 흐트러짐 없는 몸가짐으로 합스부르크가의 엄격한 에티켓을 지켜내야 했고, 계속되는 공식만찬과 연회에 심신이 지쳐갔지요.

작자 미상, 〈프란츠 조제프 1세의 초상화〉, 1854년경, 캔버스에 유채, 77×61cm, 개인 소장

무엇보다 씨시황후를 힘들게 한 건 시어머니이자 이모인 조피태후의 시집살이(!)였습니다. 씨시가 첫 아이로 딸

을 출산하자 조피태후의 노골적인 비난이 시작됩니다. 씨시를 두고 '어리석은 엄마'라는 말도 서슴지 않고 내뱉습니다. 하루아침에 딸 가진 죄인이 된 거지요. 그놈의 저주스런 남아선호 사상은 동서양을 막론하고 다르지 않았나 봅니다.

씨시의 불행은 이어졌습니다. 둘째 아이도 딸이었기 때문이지요. 당시 오스트리아 궁정의 분위기는 이런 것이었습니다. '황후의 필수의무는 후사를 잇게 하는 것이다. 황후가 성은(聖恩)을 입어 왕자를 낳는 순간 그 임무를 다하는 것이다.' 자신의 조카를 황후에 앉힌 조피태후는, 씨시가 영영 아들을 낳지 못할까봐 불안했습니다. 황실의 견제세력들로부터 쏟아지는 비난만 생각하면 당장이라도 씨시를 친정 바이에른으로 돌려보내고 싶을 정도였지요.

그러던 어느 날 씨시에게 큰 불행이 닥칩니다. 씨시의 어린 딸이 발진티푸스에 걸려 죽고만 것입니다. 자식을 가슴에 묻기에 씨시는 너무나도 어린 엄마였습니다. 그녀의 침통함은 이루 헤아릴 수 없었습니다. 하지만 국사(國事)에 바쁜 남편은 무심했고, 시어머니는 어미가 제 몸 가꾸는데만 정신이 팔려 아이에게 소홀했다고 되려 씨시를 몰아붙였습니다. 황실에서 씨시를 진정으로 위로해준 사람은 없었습니다. 그녀는 당장이라도 황후자리를 내려놓고 고향으로 도망치고 싶었을 것입니다. 하루종일 말을 타고 바이에른의 들판을 자유롭게 내달렸던 시절이 서글프도록 그리웠을 것입니다.

씨시는 세 번째 출산에서 다행히도(!) 아들을 낳았습니다. 루돌프 왕자입니다. 씨시는 안도했지만 그녀에게 상처가 되는 일은 멈추지 않았지요. 왕자의 양육에 시어머니 조피태후의 지나친 집착이 시작됩니다. 간절히 기다려온 후손이기에 이해 못할 바는 아니지만 도를 넘어선 시어머니의 처사에 씨시는 분노합니다. 왕자를 아예 씨시의 품에서 빼앗아갔기 때문입니다. 그렇게 루돌프 왕자는 할머니의 손에서 크게 됩니다.

그런데 말입니다. 조피태후가 그토록 집착했던 왕가의 자녀들에게 근대사에 뼈아픈 흔적을 남기는 일들이 벌어집니다. 그녀의 둘째 아들 페르디난트는 멕시코 황제 막시밀리안 2세로 등극하지만 혁명군에 총살되고 맙니다. 셋째 아들의 장남 페르난디트는 황태자에 오르지만, 1914년 보스니아의 사라예보에서 세르비아가 급파한 자객들로부터 그의 아내와 함께 피살당합니다. 이게 도화선이 되어 제1차 세계대전이 발발하지요.

비극은 여기서 끝나지 않습니다. 씨시의 아들 루돌프는 할머니 조피의 손에 양육돼 황태자가 되지만, 충격적이게도 자살로 생을 마칩니다. 청년이 된 루돌프는 유부녀이자 연상인 메리 베체라 남작부인과 깊은 사랑에 빠집니다. 처음부터 이루어질 수 없는 사랑이었지요. 황실로부터 강한 질타를 받게 된 두 사람은 결국 동반자살을 택합니다. 씨시는 다시 한 번 자식의 죽음을 목도하는 아픔을 겪게 됩니다. 조피태후와 씨시황후 둘 다 기구한 운명이 아닐 수 없습니다.

줄라 벤추르(Gyula Benczúr, 1844~1920), 〈검은 상복을 입은 씨시〉, 1899년, 캔버스에 유채, 142×95.5cm, 헝가리 국립 미술관, 부다페스트

19세기 헝가리 미술을 대표하는 화가 줄라 벤추르가 그린 〈검은 상복을 입은 씨시〉입니다. 씨시는 아들 루돌프 왕자가 죽은 뒤 극심한 우울증에 시달렸고, 늘 상복 같은 검은 옷만 입었다고 전해집니다. 그녀의 상실감이 얼마나 깊었는지 방증하는 대목입니다.

## 어처구니없는 죽음

•

아들 루돌프 왕자를 잃은 중년의 씨시는 우울증이 극에 달했습니다. 더 이상 왕궁에 머물러 있을 수가 없었지요. 왕궁은 씨시에게 지울 수 없는 상처만으로 기억되는 곳이었습니다. 이때부터 씨시의 방랑벽이 악화됩니다. 그녀는 전용 증기선을 타고 이곳저곳을 떠돌며 보헤미안처럼 지냈습니다. 황제 프란츠도 상처투성이인 아내에게 더이상 합스부르크가의 엄격한 생활양식을 강요하지 못했지요. 처음 남편을 만났던 바트 이슐과 스위스 제네바 레만호수, 그리고 터키와 이집트, 알제리와 모로코까지 씨시는 정처 없이 여행했습니다. 그리고 그녀의 청춘도 덧없이 흘러갔습니다.

예순 살이 되던 어느 날 씨시는 몽블랑 주변에 체류 중이었습니다. 제네바 호반을 거쳐 몽트뢰행 증기선을 타기 위해 부두 근처를 걷고 있었지요. 평소 혼자 걷는 것을 좋아했기 때문에 그날도 측근인 헝가리 백작 이르마 스타라이는 멀찍이서 그녀를 따라갔습니다. 몇몇 경호원들도 씨시와 제법 간격을 두고 있었습니다. 별안간 괴한 한 명이 씨시를 향해 달려들어 흉기로 그녀의 가슴을 찔렀습니다. 갑작스럽게 벌어진 일이었습니다. 순간 씨시는 흉기에 찔리고도 한참을 자신이 찔렸다는 것을 체감하지 못했습니다. 스타라이 백작과 경호원들도 소매치기 정도로 가볍게 생각했습니다. 괴한의 공격에 뒤로 넘어진 씨시는 놀란 마음을 추스르고 훌훌 털고 일어나 모자를 바로 쓰고 몽트뢰행 증기선에 오르기 위해 걸음을 재촉했습니다. 일행과 함께 갑판에 오른 직후 배는 출항을 알리는 경적과 함께 서서히 부두를 벗어나고 있었습니다. 그제서야 씨시는 자신이 뭔가 크게 잘못되었다는 걸 깨달았습니다. 그녀의 얼굴이 창백해지더니 의식을 잃고 맙니다. 잠시 뒤 정신을 차렸지만 왼쪽 가슴 부위에 엄청난 통증이 밀려왔습니다. 스트라이는 고통을 호소하는 씨시의 웃옷을 벗긴 뒤 꽁꽁 졸라맨 코르셋을 풀었습니다. 그러자 씨시는 바로 의식을 잃고 맙니다. 그것으로 끝이었습니다. 스타라이는 씨시의 왼쪽 가슴 아래 부위에 얼룩진 핏자국을 발견했습니다. 급히 선장을 불러 사실을 알렸습니다. 황후의 신원을 파악한 선장은 곧바로 뱃머리를 돌려 부두로 돌아왔지만 때는 너무 늦었습니다. 뒤늦게 도착한 의사는 씨시의 사망 여부를 확인하기 위해 그녀의 팔에 동맥을 절단해 봤지만 피가 전혀 나오지 않았습니다. 1898년 9월 10일 14시 40분에 의사는 씨시의 사망선고를 내립니다. 어처구니없는 죽음이었습니다.

당시의 상황을 묘사한 삽화가 프랑스 신문 1898년 9월 25일자 〈르 프티 주르날(Le Petit Journal)〉에 개재되었을 정도로, 씨시황후 피격 사건은 전 유럽을 충격에 빠트렸다.

씨시를 살해한 건 루이지 루케니라는 이탈리아 국적의 테러리스트였습니다. 왕족과 영주에 매우 적대감이 컸던 이 남자는 계급사회를 전복시키기 위한 모종의 여러 계략에 참여했던 무정부주의자입니다. 스위스에 체류 중이던 루케니는 때마침 오스트리아 제국의 황후가 같은 곳에 머물고 있다는 정보를 듣고 바로 실행에 나선 것입니다.

그런데 말입니다. 씨시황후 피살사건은 역사적인 측면 이외에 의학적으로도 한번 되짚어 볼 만합니다. 씨시황후가 사망한 다음날 부분적으로 부검이 이뤄졌는데요. 부검에서는 범인 루케니의 얼음송곳 같은 날카로운 흉기가 씨시의 왼쪽 갈비뼈를 부러뜨리고 그 밑으로 무려 8.5cm의 깊이로 찔러 폐를 통해 심장을 관통해 치명적인 내출혈을 일으켜 쇼크로 사망했다는 소견을 냅니다.

여기서 한걸음 더 들어가 보면 이렇습니다. 내출혈로 인해 심장을 둘러싸고 있는 막 사이에 혈액이 고여 심장을 누르고 압박을 가한 결과 혈액을 펌프질하는 심장에 심각한 장애가 일어나 사망했다고 볼 수 있지요. 이것을 '심장눌림증(Cardiac Tamponade)'이라고 합니다. 단순한 출혈로 인한 쇼크가 아닌 거지요. 범인 루케니는 얼음송곳 같은 생활도구로도 순간적인 치명상을 입힐 만큼 고도의 비밀암살훈련을 받은 전문 테러리스트였습니다. 씨시는 흉기에 찔리고도 상체를 꽉 조인 코르셋에 의한 지혈작용으로 겉옷에 피가 스미지 않았던 것으로 추정됩니다.

심장눌림증은 의학적으로 초응급 상태에 해당합니다. 의사는 심장 주변에서 혈액이나 체액을 제거하는 바늘을 이용해 심낭에 구멍을 내야 합니다(심낭천자). 그러지 않을 경우 대부분의 환자는 사망합니다. 그런데 심낭천자가 그렇게 간단한 시술이 아니어서 대개 가슴을 열어 심상이 운동할 수 있는 공간을 확보해야 하지요(개흉술). 환자가 의식을 잃을 경우 심폐소생술을 해야 하는데, 심폐소생술을 한다고 하더라도 심장눌림증이 해소되지 않은 상태에서는 심폐소생술 과정에 뇌로 가는 혈액의 양이 감소해 저산소성 뇌손상을 일으키기 때문에 응급처치에 각별한 주의를 요합니다.

씨시는 가슴을 찔린 뒤 바로 실신한 게 아니라 한참을 걸어 배에 올라선 뒤 의식을 잃습니다. 혈압이 급작스럽게 감소하는 쇼크가 원인이었지요. 혈압이 떨어지면 첫 번째로 영향을 받는 장기가 산소를 가장 많이 필요로 하는 뇌입니다. 그래서 의식을 잃게 되는 거지요. 씨시의 경우 과다출혈에 의한 저혈량 쇼크 가능성은 희박합니다. 흉기가 가슴 깊이 들어와 심장막에 구멍을 내어 그 사이로 심낭에 혈액이 고여 발생한 심장눌림증에 의한 심장성 쇼크로 보는 것이 합당합니다.

그런데, 씨시가 날카로운 흉기로 심장까지 깊게 찔렸는데도 어떻게 한참을 걷고 대화도 나눌 수 있었던 걸까요? 그건 코르셋 때문입니다. 씨시는 몸을 꽉 조이는 코르셋 덕분에 흉기에 찔리고도 바로 통증을 느끼지 못했을 것입니다. 그러다 서서히 고통을 호소하면서 호흡이 가빠오고 의식이 혼미해지자 옆에 있던 측근이 응급조치의 일환으로 코르셋을 풀어 제친 거지요. 그러자 코르셋의 압박으로 지혈되었던 혈액이 상처 밖으로 쏟아져 나오기 시작한 겁니다. 만일 씨시가 코르셋을 풀지 않은 상태에서 바로 병원으로 이송되어 응급처치를 받았다면 살 수 있었을까요? 코르셋의 지혈 효과로 과다출혈이 없다면 쇼크가 일어나지 않았을 테니 말입니다. 그렇게 했더라도 씨시를 살리기는 어려웠을 것입니다. 그 당시의 의학 수준으로는 심장눌림증에 제대로 대처할 수가 없었기 때문입니다.

## 코르셋의 비애

●

이 사건을 두고 당시 많은 사람들은 이렇게 얘기했습니다. 과다출혈을 막은 코르셋 덕분에 응급처치만 제때 이뤄졌어도 씨시를 살릴 수 있었다고 말입니다. 틀린 얘기가 아니지요. 다만 단서가 붙어야 합니다. 의사들 사이에서 심장눌림증을 대처할 수 있는 의술이 충분히 숙지가 되어있어야만 한다는 조건 말입니다. 하지만 당시로서는 심장수술을 하는 것조차 금기시 될 정도로

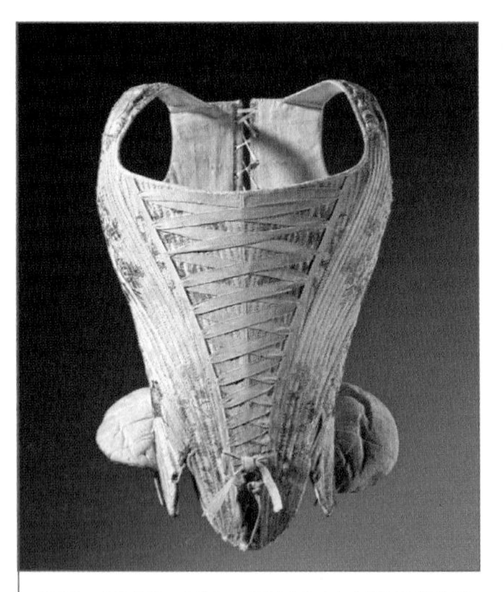

1730~40년대 프랑스 여성들이 즐겨 착용했던 실크 소재 코르셋(로스앤젤레스 카운티 미술관 소장)

의학 수준이 일천했습니다. 이후 의학이 발전을 거듭해 씨시황후처럼 가슴을 칼로 찔려 심장에 치명적인 상처를 입은 환자를 개흉수술로 봉합해 낸 의사가 등장합니다. 독일의 루트비히 렌Ludwig Rehn, 1849~1930입니다. 하지만 심장수술이 보편화되기까지는 오랜 세월이 걸려야 했습니다.

씨시의 피격 사건을 다루면서 한 가지 궁금한 게 있습니다. 바로 코르셋입니다. 흉기에 찔리고도 한동안 통증을 느끼지 못할 만큼 씨시가 착용했던 코르셋의 위력(!)은 대단했던 모양입니다. 호사가들의 얘기처럼 씨시의 목숨을 구할 수도 있었는데 말이지요. 흥미로운 사실은, 코르셋의 효시가 된 건 전쟁터에서 기병대가 입었던 흉갑에서 비롯됐다고 합니다. 심장을 향하는 날카로운 칼끝을 무디게 했던 게 바로 흉갑이었던 거지요. 그런데 흉갑에는 칼과 창을 막는 것 이외에 새로운 효용성이 있었다고 전해집니다. 바로 군인들이 역삼각형 몸매관리를 위해 흉갑을 애용했다는 겁니다. 기병이 배불뚝이가 된다는 건 자기관리에 소홀했음을 의미했기에, 평상시에도 흉갑을 착용한 군인들이 적지 않았답니다. 말은 쉽지만 무거운 흉갑을 입고 생활하는 게 보통 고역이 아니었을 텐데 말입니다. 미용의 목적으로 피가 제대로 통하지 않을 정도로 코르셋을 심하게 조여 입었던 여인들과 다르지 않았던 셈입니다.

역사적으로 여성들의 아름다움에 대한 강박은 코르셋의 압박과 비례해 왔다고 해도 지나치지 않을 것입니다. 남성용 코르셋이 유행했을 정도로 외모에 대한 집착은 남녀의 구분이 없었습니다. 하지만 숨 쉬기가 곤란할

베르트 모리조, 〈프시케〉, 1876년, 캔버스에 유채, 64×54cm,
티센보르네미사 미술관, 마드리드

정도로 엄청난 고통과 불편을 감내하면서까지 코르셋을 조였던 건 주로 여성들이었습니다. 프랑스의 여성 인상파 화가 베르트 모리조Berthe Morisot, 1841~1895는 거울 앞을 떠나지 못하는 여인을 그렸습니다. 모리조는 그리스 신화에서 큐피드와 사랑을 나눈 여신 프시케를 제목으로 붙인 이 그림에서, 나비처럼 하늘거리는 허리를 갖지 못해 아쉬워하는 여인의 모습을 담았습니다. '프시케(Psyche)'는 그리스어로 나비를 뜻하지요.

한편, 외모에 대한 욕망에 있어서 씨시를 능가할 여인을 역사에서 찾기란 쉽지 않을 듯합니다. 언니와의 결혼이 약속된 황제의 마음을 단박에 사로잡을 정도이니 미모만큼은 타고났지요. 170cm가 약간 넘는 키에 46kg의 체중을 유지하기 위해 그녀는 평생 처절할 정도의 다이어트를 감행했다고 전해집니다. 놀라운 건 19~20인치 밖에 안 되는 개미허리입니다. 당시 유럽의 여성들은 드레스의 매무새를 살리기 위해 가는 허리에 목숨을 걸 정도였습니다. 숨 막힐 듯 조여 오는 코르셋의 고통을 감내했던 이유이지요.

씨시는 호프부르그 궁전에 있는 황후 전용 거실에 기계체조 기구를 설치할 만큼 몸매관리에 강박적이었습니다. 또 체형을 유지하기 위해 베개 없이 금속으로 만든 침대에서 잠을 잤고, 피부 탄력을 위해 한겨울에도 매일 아침 찬물로 샤워를 했다고 합니다. 이 때문에 그녀는 중년 이후부터 관절염에 시달려야 했지요.

하지만 그녀에게 가장 우려됐던 점은 극단적인 체중 감량을 위해 끼니를 굶는 날이 적지 않았다는 사실입니다. 실제로 씨시는 심각한 거식증 환자였다고 전해집니다. 섭식장애의 일종에 해당하는 거식증은 영양소 파괴로 인한 면역력 저하 뿐 아니라 정신적인 장애를 동반하는 경우가 일반적입니다. 조금만 체중에 변화가 와도 심하게 짜증을 내거나 우울감이

프란츠 슈로츠베르그(Franz Schrotzberg, 1811~1889), 〈씨시황후〉, 1853년, 캔버스에 유채, 136.5×105.5cm, 개인 소장

프란츠 슈로츠베르그가 그린 초상화에서 유독 주목을 끄는 부분은 너무나도 가냘픈 씨시의 허리입니다. 씨시는 화가에게 초상화를 의뢰하면서 허리를 최대한 잘록하게 그려달라고 주문했습니다. 화가로서는 황후의 요구조건을 반드시 따라야만 했겠지요. 초상화만으로도 가녀림에 대한 그녀의 집착이 느껴집니다.

나타납니다. 그리고 뚱뚱해지거나 지금의 몸매를 잃는 것에 공포감을 느끼게 됩니다. 현대의학에서 거식증을 신경성 식욕부진(Anorexia Nervosa)으로 보는 이유가 여기에 있습니다.

## 오스트리아를 먹여 살리는 진정한 국모?!

절세의 미모를 지녔음에도 불구하고 씨시는 왜 그렇게도 외모에 집착했던 걸까요? 여기에는 여러 복합적인 원인이 있습니다. 무엇보다 바이에른 지방 출신이라는 열등감이 크게 작용하지 않았을까 싶습니다. 비엔나의 콧대 높은 왕족과 영주 가문 출신의 여성들 사이에서 그녀는 무시당하지 않기 위해 부단히 애를 썼습니다. 또한 궁전에서 믿을 사람이라곤 남편 밖에 없는데, 황제가 자신보다 더 아름다운 여인에게 눈길을 돌릴까봐 늘 노심초사했습니다.

어린 딸은 전염병으로 사망하고 아들의 양육권마저 시어머니에게 빼앗겼던 씨시는 항상 마음이 허전하고 우울했습니다. 이런 그녀가 비엔나의 거대한 궁전에서 열중할 수 있는 일이라곤 외모를 가꾸고 치장하는 것 말고는 특별히 없었던 모양입니다. 씨시는 합스부르크가에서 늘 이방인이었던 셈이지요. 그래서 그녀는 항상 궁전 밖 새로운 세상에서의 삶을 꿈꿨는지도 모르겠습니다.

특히 오스트리아의 속국 헝가리는 씨시가 고향만큼 그리워했던 곳이었습니다. 씨시는 오랜 세월 합스부르크 왕조의 지배를 받아온 헝가리의 처지가 자신과 다르지 않다고 여겼던 모양입니다. 언젠가부터 그녀는 헝가리 출신 정치인들과 가깝게 지냈고, 주변 수행원들도 헝가리 사람들 위주로 채용했습니다. 헝가리 국민들도, 비록 지배국의 왕비이지만, 씨시에 대한 호감이 날로 커져갔지요. 헝가리에 그녀의 이름을 붙인 공원과 다리가 생길 정도였으니까요.

씨시는 진심으로 헝가리의 미래를 걱정했고, 몇 년 전부터 꾸준히 제기되어온 헝가리의 자치권에도 깊은 관심을 갖게 됩니다. 즉, 지배국 오스트리아에서 독립한 의회와 군대를 설치할 수 있도록 씨시는 남편을 설득하는 등 물심양면으로 돕습니다. 씨시의 정성이 통했는지 오스트리아는 헝가리의 자치권을 상당 부분 허용합니다. 그리고 합스부르크 왕조는 1867년에 오스트리아-헝가리 연합국을 새롭게 출범시킵니다. 자연스럽게 씨시의 위상도 격상됩니다. 오스트리아-헝가리 연합국의 초대 황후가 됩니다.

이 과정에서 불거져 나온 씨시와 헝가리 측 고관대작과의 스캔들은 콧대 높은 합스부르크가의 자존심을 건드리는 사건이었습니다. 씨시는 헝가리의 총리대신 줄러 언드라시Gyula Andrassy, 1823~1890 백작과 오랫동안 아주 가까운 친분관계를 맺어왔는데요. 언드라시 백작은 헝가리의 대표적인 정치지도자로서 오스트리아-헝가리 연합국의 초대 외무대신을 역임하기도 했지요.

아무튼 두 사람이 정말 연인관계였는지에 대해서는 뚜렷하게 밝혀진 게 없습니다. 그런데 오스트리아의 호사가들이 이에 대해서 이런저런 하마평을 내놓지 않는 이유는 따로 있었습니다. 씨시와 언드라시 사이에 어떤 염문이 있었는지 자세히 밝혀지지 않은 이유는, 과거 합스부르크가에서 이 스캔들을 애써 감추려고 했기 때문입니다. 오스트리아 제국의 황후가 일개 속국의 정치인과 연인관계라는 이야기는, 그것이 사실이든 그렇지 않든 합스부르크가 사람들을 매우 불편하게 했습니다.

줄라 벤추르, 〈줄러 언드라시의 초상화〉, 1884년, 캔버스에 유채, 헝가리 국립 미술관, 부다페스트

그런데 말입니다. 씨시의 스캔들은 지금의 오스트리아인들에게도 달갑지 않은 듯 합니다. 오스트리아인들은 씨시가 그들의 역사적 뿌리라 할 수 있는 합스부르크 왕국의 고매한 국모(國母)의 이미지로 기억되길 바라기 때문입니다.

그런데 '고매한 국모의 이미지'란 어떤 것일까요? 오스트리아, 특히 빈에 들를 때마다 제가 받은 느낌은 좀 달랐습니다. 현대의 오스트리아는 과거의 문화와 예술로 먹고 사는 나라임을 부정할 수 없습니다. 모차르트와 베토벤, 브람스, 슈베르트, 슈트라우스, 말러, 쇤베르크에서 카라얀에 이르기까지 이름을 거명하는 것조차 숨이 벅찰 만큼 대단한 이 음악가들은 모두 오스트리아 출신입니다.

미술과 건축은 또 어떤가요. 클림트와 에곤 실레, 오토 바그너와 훈데르트 바서라는 거장들이 이곳에서 태어나 엄청난 예술적 성과를 남겼지요. 정신분석학의 대가 프로이트와 대철학자 비트겐슈타인을 빼놓고 20세기 현대 지성을 논할 수도 없습니다. 이들 위인(偉人)들은 지금의 오스트리아 경제에 큰 버팀목이 되고 있습니다. 조금 과장해서 미켈란젤로와 레오나르도 다빈치가 지금의 이탈리아를 먹여 살리는 것과 다르지 않지요.

하지만 위에 열거한 위인들보다도 더 부가가치를 창출하는 인물이 있으니, 바로 씨시입니다. 합스부르크 가문이 남긴 쇤부른 궁전을 비롯한 박물관을 찾는 관광객들에게 가장 많이 팔리는 기념물은 씨시 관련 상품입니다. 초콜릿과 머그잔, 키홀더, 달력, 접시와 차스푼에서 수많은 액세서리에 이르기까지 씨시의 초상화가 들어가지 않으면 'made in Vienna'라 얘기할 수 없을 정도니까요.

프란츠 빈터할터, 〈머리에 다이아몬드 별을 단 씨시황후〉, 1865년,
캔버스에 유채, 256×158cm, 비엔나 미술사 박물관

프란츠 빈터할터가 그린 이 그림은 씨시의 초상화 중 가장 아름다운 그림으로 꼽힙니다. 특히 그녀의 긴 머리를 장식한 별 모양의 귀금속이 돋보입니다. 빈 최고의 보석상에게 주문해 만든 것으로 알려진 이 액세서리는, '씨시의 별(Sisi's Star)'이라는 별칭을 지녔을 정도로 유명했습니다.

합스부르크 왕조의 본궁인 호프부르크에는 씨시의 박물관이 별도로 마련되어 있는데, 이는 오스트리아를 대표하는 여제 마리아 테레지아도 누리지 못하는 특권(!)입니다. 이제 '씨시'는 더 이상 역사 속 비운의 여인이 아니라 오스트리아의 관광 박스오피스를 대표하는 콘텐츠입니다. 오스트리아로서는 그녀에 관한 스캔들 하나하나가 늘 조심스러울 수밖에 없는 이유이지요.

며칠 전 과음으로 밤새 뒤척이다 목이 말라 냉장고 앞에 섰을 때 뜻밖에도 씨시를 만났습니다. 재작년 빈 미술사 박물관에서 사온 냉장고 자석 안에 그녀가 있었습니다. 씨시 덕분에 오스트리아 관광청이 많은 돈을 버는 걸 뭐라 할 순 없겠지만, 그녀의 모습이 자본주의에 편승해 무의미하게 소비되는 건 가슴 아픈 일입니다.

*Hippocrates Gallery*

*06*

•

# 살아낸다는 건 눈물겹도록 힘겨운 일이지요

미하일 브루벨, 〈앉아있는 데몬〉,
1890년, 캔버스에 유채, 115×212.5cm,
트레차코프 미술관, 모스크바

악마도 사랑을 할까요?

꽤 싱거운 질문입니다. 악마에게 무슨 로맨틱한 감정 같은 게 있을까요? 그런데요, 모스크바 트레차코프 미술관에 가면 악마의 사랑이야기를 들을 수가 있습니다.

왼쪽 그림을 보겠습니다. 뭔가 그로테스크해 보이는 남성이 있습니다. 해질녘 산등성이에 홀로 앉아 어딘가를 응시하고 있습니다. 그의 이름은 데몬(Demon), 정체는 악마입니다. 러시아 시베리아 출신의 화가 미하일 브루벨Mikhail Vrubel, 1856~1910의 작품입니다. 강렬한 인상의 캐릭터가 2미터 넘는 화폭을 가득 메웁니다. 전시실에 들어서자마자 관람객들의 눈길을 잡아끕니다. 그림 가까이 다가가 괴이하면서도 묘한 분위기를 자아내는 형상을 자세히 살펴봅니다. 순간 저도 모르게 가슴이 쿵 내려앉습니다. 그의 눈에 눈물이 고여 있기 때문입니다. 악마가 울다니요, 그에게 어떤 기구한 사연이 있는 걸까요?

## ‘전쟁 같은 사랑’에 관한 서사시

●

이 그림은 푸시킨과 함께 러시아 시문학을 대표하는 낭만파 시인이자 소설가 미하일 레르몬토프Mikhail Lermontov, 1814~1841의 서사시 〈데몬〉을 그린 것입니다. 레르몬토프는 부조리한 세상을 향한 날선 비판과 독설을 문학으로 표출한 작가로 알려져 있습니다. 전제정치에 맞서다 여러 차례 유배당하는 등 고초를 겪었지요. 그러던 어느 날 동료와의 갈등에서 비롯된 결투로 스물일곱이란 나이로 절명합니다. 하지만 그가 러시아 문학사에 남긴 발자취는 상당합니다.

러시아 예술계는 1890년 레르몬토프 사망 50주년을 기념하여 두 권의 책을 출간합니다. 편집진에서는 유명한 화가 18명을 뽑아 레르몬토프 서사시 〈데몬〉을 소재로 삽화를 그려 책에 수록하는 데, 여기에 화가 브루벨도 참여하게 됩니다. 브루벨은 작업 과정에서 레르몬토프의 서사시 〈데몬〉에 깊이 경도되는데요. 이를 계기로 서사시 〈데몬〉을 소재로 여러 점의 회화를 그렸고, 이 작품들이 트레차코프 미술관에 전시된 것입니다. 덕분에 레르몬토프의 연작 서사시를 그림으로 감상하는 호사를 누립니다.

레르몬토프의 서사시 〈데몬〉은 사랑에 빠진 악마에 관한 이야기입니다. 데몬은 처음부터 악마가 아니었습니다. 원래는 천사였는데 신의 뜻을 거역한 죄로 날개를 잃고 천상에서 쫓겨나면서 지상을 떠도는 악마로 전락하게 되지요. 데몬은 천상과 가까운 코카서스 산맥에 숨어 천사였던 지난 시절을 그리워하며 외롭게 살아갑니다. 그러던 어느 날 그는 조지아 지역에 사는 영주의 딸 타마라를 보고 한 눈에 반합니다. 아름다운 음악에 맞춰 춤을 추는 타마라의 모습에 그만 넋이 나가고 만 것입니다. 사랑에 빠지고 만 거지요. 하지만 그것은 악마에게 허락되지 않는 감정이었습니다. 악마의 사랑을 받아 줄 여인은 세상 어디에도 없겠지요. 심지어 타마라에게는 이미 약혼자가 있습니다. 그럼에도 데몬은 타마라의 사랑을 얻기 위해 모든 것을 쏟아붓습니다. 사랑에 눈이 멀어버린 겁니다. 결국 그는 타마라의 약혼자를 살해하는 무모한 짓을 저지르고 맙니다. 타마라의 슬픔과 공포는 이루 헤아릴 수 없이 커집니다. 광기어린 데몬을 피해 수도원으로 몸을 숨기지만 데몬의 집요한 추격에 발각되고 말지요. 끝도 없이 이어지는 데몬의 열렬한 구애에 타마라는 결국 마음을 열고 맙니다. 데몬은 그렇게 사랑을 쟁취하는 듯해 보입니다.

미하일 브루벨, 〈춤추는 타마라〉, 1890년경,
수채화, 50×34cm, 트레차코프 미술관, 모스크바

그는 밤의 어둠 속에서

신부에게 키스하는 상상을 했다오.

악마는 처음으로 사랑의 기쁨과 슬픔의 감정을 알았소.

나는 악마요, 겁내지 마오.

이곳의 신성함을 해치지 않을 것이오.

구원을 기도하지 마오.

나는 영혼을 시험하러 온 것이 아니오.

사랑의 갈망에 불타서 그대의 발밑에 나의 권능과

지상 최초의 고뇌와 내 최초의 눈물을 가져왔소.

_레르몬토프 연작 서사시 〈데몬〉 중에서

미하일 브루벨, 〈데몬과 타마라〉, 1890년경, 수채화, 66×50cm, 트레차코프 미술관, 모스크바

레르몬토프의 연작 서사시에 등장하는 데몬의 세레나데는 더 할 나위 없이 절절합니다. 타마라 아닌 그 누구라 해도 데몬의 주술 같은 사랑노래를 거부할 수 없을 것입니다. 이제 데몬은 타마라와 완전한 사랑을 이룰 수 있을까요?

데몬이 느낀 사랑의 기쁨은 오래지 않아 산산조각 나고 맙니다. 악마에게 영혼과 육신을 허락한 타마라를 천상계의 신이 그냥 나둘 리가 없겠지요. 타마라는 신의 노여움을 산 대가로 목숨을 잃게 됩니다.

오른 쪽 브루벨의 그림 중 타마라가 두 손으로 얼굴을 가리고 흐느껴 울고 있는 모습이 보입니다. 타마라는 머지않아 자신이 죽게 될 것임을 알고 있는 것 같습니다. 그 누구도 대신할 수 없는 죽음입니다. 그런데 타마라를 바라보는 데몬의 시선은 의외로 무덤덤해 보입니다. 왠지 불행한 결말을 이미 알고 있었다는 표정입니다. 그럼에도 멈출 수 없는 게 진정 사랑인 걸까요? 악마의 사랑이란 원래 그런 걸까요? 그림을 보고 있는 제 마음이 영 편치 않습니다.

타마라의 영혼이 천사의 품에 안겨 하늘로 떠날 채비를 하는 그림을 봅니다. 그나마 안도감이 듭니다. 타마라에게는 전쟁 같은 사랑이었을 것입니다. 타마라의 영혼을 안은 천사 앞에 쭈그리고 앉아 머리를 조아리는 데몬의 안타까운 모습도 보입니다. 이제 그에게 남은 것은 진정 무엇일까요?

미하일 브루벨, 〈울고 있는 타마라와 데몬〉,
1890~91년경, 수채화,
트레차코프 미술관, 모스크바

미하일 브루벨,
〈천사 품에 안긴 타마라의 영혼, 그리고 데몬〉,
1890년경, 수채화, 트레차코프 미술관, 모스크바

사랑은, 예측할 수도 다스릴 수도 없습니다. 그렇게 사랑은 무작정 찾아옵니다. 데몬에게도 그렇게 찾아왔습니다. 춤추는 타마라를 보는 순간, 절망과 고통만을 느꼈던 그의 가슴이 변하기 시작합니다. 그 순간 자신이 악마라는 사실조차 잊었을 것입니다. 하지만, 자신이 악마일 수밖에 없는 현실을 깨달았을 때 그의 슬픔과 분노는 다시 시작됩니다.

## 악마에게 영혼을 판 화가?

•

데몬과 타마라의 전쟁 같은 사랑에 관한 서사시를 그림으로 그린 미하일 브루벨이라는 화가가 궁금합니다. 우리에게는 익숙하지 않은 이름입니다. 시베리아에서 태어난 브루벨은, 집안의 뜻에 따라 상트페테르부르크 대학에서 법률을 공부합니다. 하지만 어릴 적부터 키워온 화가의 꿈을 이루기 위해 법률가의 길을 포기하고 다시 예술학교에 입학하지요.

브루벨은 비잔틴 미술에 많은 영향을 받습니다. 그의 회화에 화려한 모자이크식 무늬가 자주 등장하는 이유입니다. 무엇보다 브루벨의 유니크한 화법은 기존 러시아 화가들과 크게 다릅니다. 〈앉아있는 데몬〉(116쪽)의 경우도 러시아 미술계에서는 매우 낯선 그림입니다. 브루벨은 회화에 입체감을 주기 위해 물감을 두툼하게 발라 그립니다. 동시에 의도적으로 캔버스 위 물감을 뭉개어 대상을 비현실적으로 묘사합니다. 그렇게 현실세계에 존재하지 않는 악마의 형상을 구현합니다. 당시 브루벨의 화풍에 대한 호불호는 명백하게 갈립니다. 기성 미술계에서는 브루벨의 새로운 시도가 무질서하고 엉성하다며 폄하합니다. 〈앉아있는 데몬〉을 비롯한 그의 작품들에 혹평이 쏟아집니다.

그러던 어느 날 이상한 일이 벌어집니다. 브루벨의 데몬 연작 그림 중 〈데몬과 타마라〉가 미술관에 전시되었을 때 갑자기 그림의 색이 까맣게 변해버리는 해괴한 현상이 발생합니다. 누구의 소행일까요? 그렇잖아도 브루벨에게 곱지 않은 시선이 만연한데 말이지요. 화가가 악마에게 영혼을 판 대가라는 얼토당토 않는 소문까지 돕니다. 브루벨은 메피스토펠레스에게 영혼을 저당 잡힌 파우스트 처지가 되고 말지요. 그런데 원인은 청동가루였습니다. 브루벨은 그림의 질감을 살리기 위해 물감에 청동가루를 섞었는데, 시간이 지남에 따라 산화하면서 흑변현상을 일으킨 겁니다.

한편, 뜻밖의 일이 다시 발생합니다. 악마를 그리다 악마에게 영혼을 빼앗긴 화가가 누군지 많은 사람들이 궁금해 하면서 브루벨은 서서히 세간에 주목을 받게 됩니다. 동시에 그가 그린 문제작 〈데몬과 타마라〉에 대한 관심도 커집니다. 브루벨의 화풍에 대한 재평가도 이어집니다. 실제로 그가 그린 데몬 연작 시리즈를 면면히 살펴보면, 레르몬토프의 서사를 뛰어넘는 탁월한 상상력으로 인물을 새롭게 창조해냅니다. 물감 사용 또한 타의추종을 불허합니다. 단색의 수채화만으로 타마라를 향한 데몬의 악마적 본능과 우울한 감성을 표현함으로써, 그 누구도 흉내 낼 수 없는 자신만의 화풍을 완성합니다. 브루벨에 관한 서양미술사의 평가도 다르지 않습니다. 후대 평론가들은 그를 가리켜, "이동파(286쪽)로 대표되는 사실주의 화풍에서 모더니즘으로 넘어가는 교량 역할을 함으로써 러시아 미술에 한 획을 그었다"고 격찬합니다.

미하일 브루벨, 〈자화상〉, 1905년, 수채화, 58.2×53cm, 트레차코프 미술관, 모스크바

브루벨은 화가로 유명세를 타면서 회화 말고도 다양한 영역에서 발군의 재능을 발휘합니다. 도자기, 조각, 스테인드글라스, 건축, 무대제작 등 한마디로 못하는 게 없는 멀티 아티스트로서의 면모를 과시합니다. 오페라의 무대의상까지 맡게 된 브루벨은, 한 공연 리허설에서 만난 유명한 오페라 가수 나데즈다 자벨라Nadezhda Zabela 1868~1913와 사랑에 빠집니다. 그리고 세간의 화제 속에 두 사람은 부부가 됩니다.

브루벨은 오페라 가수인 아내를 위해 무대의상 디자인에 매진합니다. 이때 그는 〈데몬과 타마라〉 못지않는 걸작을 완성합니다. 브루벨은 직접 디자인한 무대의상을 입은 아내 자벨라를 화폭에 담아내는데요. 바로 〈백조공주〉라는 작품입니다. 브루벨은 이 그림을 보는 이들로 하여금 탄성을 자아내게 할 만큼 아내 자벨라를 세상에서 가장 아름다운 여인으로 묘사합니다. 그림 속 여인은 차이코프스키의 〈백조의 호수〉에 나오는 주인공이 아니라 니콜라이 림스키 코르사코프Nikolay Rimsky-Korsakov, 1844~1908의 〈차르 술탄 이야기〉에 등장하는 백조공주입니다. 〈차르 술탄 이야기〉는 러시아의 민족시인 알렉산드르 푸시킨Aleksandr Pushkin, 1799~1837의 동화시를 푸시킨 탄생 백주년을 기념하여 오페라로 만든 것입니다. 자벨라가 평소에 림스키 코르사코프의 곡을 잘 불렀기 때문에 이 작품에 캐스팅되었고, 브루벨이 무대의상을 담당하게 된 것이지요. 그렇게 브루벨과 자벨라는 남부러울 것 없이 행복한 나날을 보내고 있었습니다. 두 사람의 행복은 영원토록 이어질까요? 한데 그림 속 백조공주 자벨라의 눈빛이 슬퍼 보입니다.

미하일 브루벨, 〈백조공주〉, 1900년, 캔버스에 유채, 142.3×93.5cm, 트레차코프 미술관, 모스크바

•

브루벨은 40대 중반에 접어들면서 신경쇠약 증세를 보이기 시작합니다. 처음에는 대수롭지 않게 여겼지만, 갈수록 증상이 심해집니다. 아무 것도 아닌 일에도 신경이 날카로워지고, 이로 인해 주변 사람들에게 소리를 지르고 심지어 욕까지 내뱉습니다. 과대망상증상이 나타나기 시작하더니 속옷을 찢어버리는 망측한 행동도 서슴지 않습니다.

심각해진 브루벨의 정신질환 증세는 그의 작업에까지 적지 않은 영향을 미칩니다. 이때 발표하는 작품마다 어둡고 광기어린 표현들이 주를 이룹니다. 그의 작품에 대한 세간의 평가도 부정적으로 변해갑니다. 러시아 화가협회에서는 당시 그가 심혈을 기울여 제작해 발표한 데몬 연작 중 하나인 〈추락하는 데몬〉에 대해, 예술성이 부족하다는 논평을 내놓습니다. 한 신문에는 브루벨을 가리켜 '정신적 사망자'라는 독설어린 문구를 활자로 찍어내기까지 하지요. 주변의 지인들마저 처음에는 브루벨을 걱정했

지만, 시간이 흐르면서 하나둘 그의 곁을 떠나기 시작합니다.

한편, 브루델 자벨라 부부에게 또 다른 불행이 덮칩니다. 윗입술이 갈라진 구순구개열(입술입천장갈림증)인 상태로 태어나 부부의 마음을 아프게 했던 두 살배기 아기가 원인모를 고열로 사망합니다. 크게 상심한 브루델의 정신질환은 더욱 악화일로에 치닫습니다. 그의 말과 행동은 갈수록 거칠어집니다. 급기야 주위의 감시가 필요한 단계에까지 이르고 맙니다. 결국 자벨라와의 부부관계도 위기에 봉착하고 말지요. 브루델은 정신병원에 장기간 입원해야 하는 신세가 됩니다. 병원에서 잠시 상태가 호전되면 다시 붓을 들고 그림을 그렸지만, 전에 그가 그렸던 그림하고는 너무나 달랐습니다. 그림은 노골적으로 흉측하고 해괴했습니다.

행복과 불행이 한 글자 차이듯이, 그 둘은 책장의 앞쪽과 뒤쪽 같은 것인지도 모르겠습니다. 바로 앞쪽에서 브루벨의 성공을 읽었는데, 그 뒤쪽에는 브루벨의 불행이 적혀있으니 말입니다. 그렇게 브루벨의 삶은 가혹할 정도로 급변합니다. 도대체 무엇이 브루벨을 이 지경에 이르게 한 걸까요? 그는 정말로 악마에게 영혼을 파는 거래를 한 걸까요?

미하일 브루벨, 〈추락하는 데몬〉, 1902년, 캔버스에 유채, 139×387cm, 트레차코프 미술관, 모스크바

## 잔혹했던 균

●

걷잡을 수 없이 악화하는 광기에 사로잡힌 브루벨을 두고 그저 "저 사람 미쳤다"고 손가락질만 할 수는 없는 노릇이었습니다. 브루벨의 주변인들은 그 원인을 찾기 위해 당시 러시아에서 가장 큰 의료기관인 모스크바 대학의 세르브스키 센터를 찾습니다. 의료진은 원인을 찾기 위해 브루벨의 과거 병적까지 낱낱이 추적합니다. 다양한 검사 끝에 나온 의료진의 소견은 뜻밖에도 매독이었습니다. 브루벨이 십여 년 전에 감염되었던 매독균이 박멸되지 않은 채 잠식해 있다가 혈관을 통해 뇌를 침범해 신경매독을 일으킨 것입니다.

매독(syphilis)은 트레포네마(Treponema pallidum)라는 균에 의해 발생하는 만성 전신성 감염 질환으로, 대부분 매독 환자와 직접 성 접촉을 할 때 병변 또는 체액을 통해 감염됩니다. 매독은 역사적으로 꽤 오래된 성병입니다. 초기에는 성기 주변에 피부발진을 일으키거나 열이 나기도 하지만 이런 초기 염증반응은 대개 시간이 지나면 자연스럽게 호전됩니다. 이때 생기는 피부발진이 매화 꽃 같은 모양이어서 한자어로 '梅毒'이라는 이름이 붙은 거지요. 하지만 초기에 항생제로 치료하지 않으면 1차적으로 생겼던 매독균이 사라지지 않고 잠복하게 되는데요. 바로 오랫동안 잠복해 있던 매독균이 브루벨의 경우처럼 큰 문제를 일으킬 수 있습니다. 잠복해 있던 매독균이 혈관을 통해 뇌를 침범할 경우 신경매독으로 발전할 수 있습니다.

매독의 신경계 손상 증상은 크게 두 가지로 나눌 수 있습니다. 하나는 브루벨과 모파상, 니체 등이 앓았던 매독으로, 대뇌를 전반적으로 손상시켜 광기를 일으키다가 결국에는 치매에 이르게 하는 신경매독 또는 진행성 마비(General Paresis)가 있습니다. 다른 하나는 매독균이 뇌가 아닌 등뼈 속을 지나가는 신경다발인 척수를 손상시키는 척수매독입니다. 척수매독은 말초신경의 감각에 이상이 생겨 팔과 다리에 바늘로 찌를 듯한 통증이 생길 수 있습니다. 그러다가 발이 무감각해질 수 있고 더 진행되면 걷지 못하게 되지요. 척수매독도 신경매독처럼 감염된 뒤 10년에서 25년의 잠복기를 거쳐 주로 하반신에 발생합니다. 프랑스의 작가 알퐁스 도데와 화가 에두아르 마네가 척수매독을 앓았다고 전해집니다.

과거 매독은 치명적이면서도 매우 흔한 질환이었습니다. 19세기 말 프랑스 파리 인구의 15%가 매독 환자였으며, 유럽에서만 약 400년간 1,000만 명 이상이 매독으로 사망했다는 기록도 있습니다. 예술가들 역시 매독을 피해갈 수 없었습니다. 베토벤, 슈베르트, 슈만 등 음악가에서 톨스토이, 플로베르, 모파상, 오스카 와일드, 보들레르 등 문학가는 물론, 마네, 반 고흐, 폴 고갱 등 화가에 이르기까지 수많은 예술가들이 매독에 시달렸고, 그 중 어떤 이는 사망에 이르기도 했습니다.

19세기 프랑스에서는 이런 말이 유행했습니다. "비너스와 하룻밤을 보내고 머큐리(수은)와 나머지 삶을 보낸다." 당시 수은이 매독 치료에 특효약이라는 소문이 퍼지면서 생겨난 말입니다. 하지만 수은은 부작용이 큰

독성을 지닌 물질입니다. 수은은 우리 몸의 면역체계를 약화시켜 오히려 많은 사람들이 수은중독으로 사망하거나 평생 고통스럽게 살아가게 만들었습니다. 최소한 페니실린이 개발되기 전까지는 그러했지요.

제2차 세계대전이 막바지에 치닫던 1945년경 영국의 미생물학자 알렉산더 플레밍Alexander Fleming, 1881~1955이 개발한 페니실린(penicillin)이 대량으로 보급되면서 매독은 현저히 줄어듭니다. 페니실린은 인류에게 복음과도 같은 약이 되었습니다. 페니실린의 등장과 함께 인류의 평균수명도 크게 길어졌습니다. 의학계에서는 페니실린이 없었다면 현재 인구 수가 절반도 되지 않았을 거라고 추정하는 견해도 있습니다.

결국 브루벨은 신경매독으로 사망합니다. 어찌 보면 정확한 병명을 모르고 생을 마감하는 게 나았을지도 모르겠습니다. 그는 정신이 잠시 온전해질 때마다 밀려오는 모멸감에 치를 떨었을 것입니다. 그렇게 예술가로서의 성공적인 삶은 인생 후반기로 갈수록 지옥 같은 삶으로 변하고 맙니다. 실험적인 화법으로 악마를 초현실적으로 그려 이름을 떨쳤지만, 자신은 악마 같은 광인(狂人)으로 살다 죽어간 거지요. 그래서일까요, 브루벨이 그린 악마의 모습은 깊은 슬픔에 잠겨 있습니다.

브루벨의 그림을 처음 봤을 때 '악마가 울다니……'라며 의아해했던 저에게 누군가 이렇게 얘기합니다. "악마도 울 때가 있습니다. 그만큼 삶이란 눈물겹도록 힘겨운 것이니까요"라고 말입니다.

*Hippocrates Gallery*

*07*

•

# 삶에서 동문서답이 필요할 때

빌헬름 마르스트란트, 〈돈키호테〉, 1860년경, 캔버스에 유채, 47.5×34cm,
니바가드(Nivaagaard) 컬렉션, 코펜하겐

반쯤 벗겨진 이마에 매부리코, 좌우로 뻗친 콧수염과 메마른 볼까지 뭐 하나 호감 가는 게 없는 얼굴입니다. 퀭한데다 초점을 잃은 두 눈은 또 어떻고요. 불만 가득한 표정에서는 뭐라 말이라도 걸면 신경질적인 반응이 톡하고 나올 것만 같습니다. 아무튼 초상화의 모델이 아무리 볼품없더라도 이왕이면 좀 미화해서 그릴만도 한데요. 이 화가, 조금의 배려도 없습니다. 초상화의 모델이 어떤 사람인지 다시는 이 화가에게 그림 의뢰를 하지 않을 것 같군요.

하지만 다행입니다. 초상화의 모델이 실재하는 인물이 아니기 때문입니다. 그림 속 볼품없는 인물은 돈키호테입니다. 덴마크 문화·예술계의 황금시대(1790~1850)를 연 화가 빌헬름 마르스트란트Wilhelm Marstrand, 1810~1873의 솜씨입니다. 우리에게는 익숙한 이름의 화가가 아니지요. 그는 문학에 등장하는 인물을 즐겨 그렸는데, 특히 세르반테스의 『돈키호테』에 깊이 경도되었던 모양입니다. 이 그림말고도 여러 점의 돈키호테를 그렸습니다.

## 책에 미친 사내

•

서양미술사에서 돈키호테를 그린 화가는 마르스트란트 말고도 참 많습니다. 돈키호테의 허무맹랑한 상상력이 화가들에게는 매우 흥미로운 소재였던 모양입니다. 세르반테스의 드라마틱한 서사 또한 화가들의 붓질을 자극할 만큼 충분히 매력적이었지요. 프랑스 정치사회 풍자화의 대가 오노레 도미에Honoré Daumier, 1808~1879는 유독 돈키호테를 많이 그린 화가로 유명합니다. 돈키호테를 소재로 드로잉 49점, 회화 29점을 남겼다고 하니 정말 대단하지요. 프랑스의 삽화가이자 판화가인 귀스타브 도레Gustave Doré, 1832~1883는 돈키호테의 프랑스어판에 일러스트를 그려 큰 호평을 받기도 했지요. 프랑스의 낭만주의 거장 외젠 들라크루아Eugène Delacroix, 1798~1863가 그린 돈키호테도 빼놓을 수 없습니다. 들라크루아는 세르반테스 뿐 아니라 윌리엄 셰익스피어와 빅토르 위고 등 당대 대문호의 문학작품들을 회화로 재해석해 센세이션을 일으켰지요.

오른쪽 그림은 독일 출신의 장르화가 아돌프 슈뢰터Adolf Schrödter, 1805~1875가 그린 〈팔걸이의자에 앉아 책을 읽는 돈키호테〉입니다. 슈뢰터는, 서재인지 창고인지 분간이 안 갈 정도로 어수선한 방에서 독서삼매경에 빠진 돈키호테를 그렸습니다. 그런데요, 충마(忠馬) 로시난테 위에서 긴 창 랜스(lance)를 휘두르며 좌충우돌하는 캐릭터 돈키호테가 독서에 푹 빠져 있는 모습은 왠지 좀 어색해 보입니다. 하지만, 돈키호테를 허무맹랑한 망상에 빠트린 건 다름 아닌 '책의 소행'이었습니다.

아돌프 슈뢰터, 〈팔걸이의자에 앉아 책을 읽는 돈키호테〉, 1834년경,
캔버스에 유채, 54.5×46cm, 올드 내셔널 갤러리, 베를린

'라만차'라는 풍차마을에 사는 이 남자는 하루 종일 기사소설에 파묻혀 지내는 몰락한 귀족(hidalgo, 이달고)입니다. 기사 관련 책들을 사재끼느라 땅까지 죄다 팔아치우더니, 본명 알론소 키하노까지 내팽개친 뒤 스스로 기사 돈키호테가 됩니다. 드디어 황당무계한 모험이 시작되지요.

오른쪽 삽화는 귀스타브 도레가 1863년에 출간된 프랑스판에 수록하기 위해 그린 것입니다. 열다섯 살 어린 나이에 출판물에 삽화를 그리기 시작한 도레의 천재적인 작품 해석력은 19세기 프랑스 출판계를 경악시킬 정도로 대단했습니다. 그림을 보면, 돈키호테가 기사 무용담에 빠져 밤새워 책을 읽다 의자에 앉은 채로 잠속으로 빠져든 것 같습니다. 돈키호테의 잠꼬대가 이만저만이 아닙니다. 한 손에는 칼을 들고 있고 다른 한 손에는 여전히 책을 펼쳐 들고 있습니다. 꿈속에 등장하는 정체불명의 캐릭터들이 어느새 그를 둘러싸고 있습니다. 그는 꿈속에서 거대한 괴물과 격렬한 검투 중에 있는 모양입니다.

한데 꿈속의 거대한 괴물은 다락방 천장에 매달려 있던 포도주가 가득 든 돼지가죽 자루입니다. 돈키호테의 창에 찔린 돼지가죽 자루에서 포도주가 핏물처럼 쏟아져 나와 돈키호테의 머리를 적십니다. 포도주 세례에 그만 잠에서 깨어날 만도 할 텐데, 돈키호테는 한술 더 떠 이렇게 외칩니다.

"네 몸에 단 한 방울의 피도 남아 있지 않을 테니. 승리는 당연히 나의 것이 되리라."

귀스타브 도레, 〈서재에서 꿈꾸는 돈키호테〉, 1863년판 프랑스어판 원본 1부 1장 수록

도레의 그림은 세르반테스의 문장 속 돈키호테를 세상 밖으로 소환해 냅니다. 훗날 피카소는 도레의 삽화를 가리켜 그 어떤 선과 색으로도 구현할 수 없는 이야기를 그렸다고 격찬한 바 있습니다. 도레는 라블레의 『가르강튀아와 팡타그뤼엘』을 시작으로 단테와 바이런, 발자크, 밀턴에 이르기까지 수많은 대문호들의 명저에 삽화를 그렸습니다. '문학의 시각화'를 연 장본인으로 도레를 꼽는 것은 조금도 지나치지 않습니다.

외젠 들라크루아, 〈서재에 앉자 있는 돈키호테〉, 1824년, 캔버스에 유채, 40×32cm, 후지 미술관, 도쿄

상황이 이쯤 되면 그가 미쳤다고 여기지 않을 사람은 거의 없을 것입니다. 들라크루아도 〈서재에 앉아 있는 돈키호테〉를 그렸습니다. 그림 속 돈키호테는 막 잠에서 깬 것 같아 보입니다. 책상에 책을 펼쳐 놓고 멍하니 앉아 있습니다. 그를 지켜보는 마을 신부와 이발사 니콜라스 그리고 가정부의 표정이 심란해 보입니다. 사람들은 이 모든 것이 책 때문이라고 생각합니다. 그놈의 허무맹랑한 기사소설들이 돈키호테를 이 지경에 몰아넣었다는 겁니다. 마을 신부와 이발사 니콜라스는 가만히 두고만 볼 수 없었던 모양입니다. 불쌍한 돈키호테 아니 알론소 키하노의 집에 가서 그의 서재에 싸여 있는 책들을 죄다 끄집어내어 불태워 버립니다.

사실 돈키호테가 꿈에도 그리던 용맹스런 기사는 이 소설이 쓰여진 19세기 스페인에는 존재하지 않았습니다. 기사는 흔히 말 탄 무사를 가리키는 데요. 역사적으로 전쟁의 주력 병과가 보병에서 기병으로 바뀌면서 기사의 신분이 지배계급으로 상승합니다. 하지만 직업으로서의 기사는,

우리가 알고 있는 것과는 달리 별 볼 일 없었던 게 사실입니다. 늘 전시 상태가 아니었기 때문에 무사로서의 신분적 가치에 한계가 있었지요. 나라마다 차이가 있지만 기사는 지배계급의 최말단에 속하는 경우가 보통이었습니다. 기사의 덕목이 충성과 용맹으로 잘못 알려진 것도 돈키호테가 푹 빠져 읽던 소설이나 구전 등을 통해 부풀려졌기 때문입니다. 기사는 용병대장인 경우가 많았습니다. 돈을 지불한 영주나 군주를 위해 용병 무리를 이끌고 전쟁터에 나가는 사람 말입니다. 기사들이 든 긴 창을 일컫는 랜스(lance)에서 프리랜서(freelancer)란 단어가 파생된 건 그 이유 때문입니다. 이를테면 자유계약직 무사였던 셈이지요.

세르반테스의 고국이자 소설 『돈키호테』의 배경인 스페인에서의 기사 신분은 훨씬 더 이미지가 좋지 않았던 모양입니다. 한때 이슬람 세력에게 이베리아 반도 전체를 빼앗겼던 스페인은, 8세기 초부터 이어진 레콩키스타(reconquista), 즉 국토회복운동을 통해 1492년에 그라나다 함락을 끝으로 이베리아 반도 전체를 되찾게 됩니다. 하지만 스페인은 800년 넘게 이어져온 이민족의 지배로 사회적 혼란이 쉽게 가라앉지 않았습니다. 국가의 치안이 확립되지 않은 상황에서 자연스럽게 기사계급이 질서유지 역할을 담당하게 됩니다. 하지만 기사들은 사회 안정을 위한 치안에는 큰 관심이 없었습니다. 혼돈의 시기에 권력을 쥔 기사들은 죄 없는 백성을 수탈하는 등 가혹행위를 일삼았습니다. 스페인에서 기사에 대한 시선이 좋았을 리가 없었겠지요. 세르반테스가 『돈키호테』를 통해 기사 신분을 신랄하게 풍자한 데는 다 이유가 있었습니다.

아무튼 책을 모조리 불태웠다고 굴할 돈키호테가 아닙니다. 돈키호테는 나쁜 마법사가 책들을 모두 훔쳐갔다고 여깁니다. 이제 악으로부터 세상을 구하기 위해 나서야 할 때가 도래했다고 생각합니다. 돈키호테는 첫 번째 출정식을 준비합니다.

오른쪽 그림은 빌헬름 마르스트란트가 그린 〈첫 번째 출정 후 집으로 귀환하는 돈키호테〉입니다. 석양을 배경으로 비쩍 마른 노인이 당나귀에 올라 앉아 있습니다. 무시무시한 괴물을 잡으러 가는 기사의 결기는 어디에서도 느낄 수 없습니다. 앞에서 길을 안내하는 뚱보(그는 산초 판자가 아닙니다)의 모습도 뭔가 시큰둥해 보입니다.

소설에서 돈키호테의 출정은 세 번에 걸쳐 이어집니다. 첫 번째 출정은 돈키호테 혼자 떠납니다. 돈키호테의 영원한 동반자 산초 판자는 두 번째 출정부터 함께합니다. 객주집 주인에게서 기사 서품을 받고 그의 충고대로 기사로서 갖춰야 할 것들을 준비하기 위해 집으로 돌아옵니다. 돌아오는 길에 만난 사람들에게 자신이 추구하는 정의로움이 어떤 것인지 설파하는데요. 그 중 톨레도 상인들에게 자신을 맹목적으로 신뢰할 것을 강요하지만, 이에 대해 돌아온 건 심한 욕설과 매질이었습니다. 돈키호테는 만신창이가 되어 땅바닥에 쓰러져 일어나지도 못하는 신세가 되고 맙니다. 이웃의 도움으로 가까스로 집에 도착하지요. 사흘간의 첫 출정은 그

빌헬름 마르스트란트, 〈첫 번째 출정 후 집으로 귀환하는 돈키호테〉, 1847년경, 캔버스에 유채, 85×125cm, 니바가드 컬렉션, 코펜하겐

렇게 허무하게 막을 내립니다.

첫 출정에서 겪은 후유증으로 보름 동안 두문불출 지냈던 돈키호테는 깨닫습니다. 혼자서 그 엄청난 싸움을 감당해내는 건 쉽지 않다고 말입니다. 그는 이웃집 농부 산초 판사를 설득합니다. 제정신이 아닌 돈키호테의 말에 넘어간 산초 판사도 온전한 사람은 아닌 듯 싶습니다. 가정을 내팽개치고 이 과대망상자를 따라 나섰으니 말이지요. 사실 둘 사이에는 음흉한(!) 거래가 오갔습니다. 섬 하나를 정복하면 그 섬의 영주로 임명해 주겠다는 돈키호테의 말에 산초가 넘어간 겁니다. 어찌됐든 충직한 부하

산초만으로는 부족했습니다. 모름지기 기사의 전투력은 말에서 나온다는 사실을 돈키호테는 엄청난 독서를 통해 뼛속까지 깨달았지요. 돈키호테의 눈에 노쇠한 말 한 마리가 들어옵니다. 이름하여 로시난테! 나흘 동안 고민 끝에 지은 이름이지만, 문제는 이 삐쩍 마른 말을 타고 적진을 향해 내달리는 것 자체가 넌센스였지요.

자 이제 우여곡절 끝에 꾸린 팀으로 해괴망측한 모험들이 펼쳐집니다. 초원의 양떼를 적군의 행렬로 착각해 양들을 공격하다 목동들에게 혼쭐이 나기도 하고, 어느 면도사의 면도용 대야를 빼앗아 그걸 진귀한 황금투구라며 머리에 쓰고 다니기도 합니다. 시골처녀 둘시네아를 자신이 흠모하는 공주라 여기고 자신의 모든 무공(武功)을 그녀에게 바치겠노라고 다짐하는 장면에서는 '로맨티스트 돈키호테'의 면모를 엿볼 수도 있지요. 라만차의 평원에 있는 수십 개의 풍차를 가리켜 거대 괴물이라 소리치며 풍차를 향해 달려가는 돈키호테의 모습은 그야말로 과대망상의 절정을 이룹니다. 풍차 날개에 받혀 나둥그러진 돈키호테! 이제 그만 정신을 차릴까요?

## 돈키호테, 세르반테스의 페르소나

●

'레판토의 외팔이'라 불리던 사내가 있었습니다. 레판토(Lepanto)?! 맞습니다. 스페인이 지중해 패권을 놓고 오스만튀르크와 벌인 해전(海戰)이지요. 사내는 레판토 해전에 참전했다가 세 발의 총탄을 맞고 평생 왼팔을 쓸

귀스타브 도레, 〈풍차로 돌진하는 돈키호테〉, 1863년판 프랑스어판 원본 1부 1장 수록

"저기를 보아라, 산초 판사야. 서른 명이 좀 넘는 팔이 긴 거인들이 있지 않느냐. 나는 저놈들을 없애야 한다. 들어라, 이것은 선한 싸움이다. 악의 씨를 뽑아 버리는 것은 하느님을 섬기는 일이기도 하다." 라만차의 풍차들 앞에서 결의에 찬 돈키호테의 다짐이 이어집니다. 귀스타브 도레는 프랑스어판 1부 여섯 번째 삽화에서 풍차를 향해 돌진하는 돈키호테 일행을 그렸습니다.

수 없게 됩니다. 사내의 불운은 여기서 그치지 않지요. 여행 중 해적에 포로로 잡혀 아프리카 알제리에서 5년간이나 노예로 수난을 겪습니다. 간신히 고국에 돌아와 그가 찾은 직업은 세금징수원이었는데요. 징수한 세금을 보관해주던 은행가가 도주하는 바람에 모든 책임을 뒤집어쓰고 감옥살이를 하게 됩니다. 이쯤되면 '불행의 아이콘'이라 할 만 하지요. 이 남자의 이름은 미겔 데 세르반테스 사아베드라Miguel de Cervantes Saavedra, 1547~1616, 줄여서 세르반테스라 불리는 『돈키호테』의 저자입니다.

쉰이 넘는 나이에 출옥했지만 사는 게 막막했지요. 하루하루가 절망의 끝이었을 겁니다. 그런데 이 남자, 역시 엉뚱합니다. 나이 쉰에 새로 구상한 일이 소설쓰기라니 말입니다. 평소 기사도에 관심이 많았던 그는 궁리 끝에 이 암담한 현실을 뛰어넘을 기가 막힌 캐릭터 하나를 만들어냅니다. 늙고 볼품없는 시골 남자, 바로 돈키호테이지요. 딱 자기 자신의 모습입니다. 소설의 제목은 '영리한 이달고 라만차의 돈키호테'로, 1605년에 출판합니다. 소설은 성공했을까요? 이게 또 우여곡절이 있습니다. 책은 베스트셀러가 되지만 책의 판권을 출판사에 헐값에 넘긴 탓에 세르반테스에게 돌아가는 인세 수익은 거의 없었지요. 더 황당한 건 책이 인기를 끌자 다른 작가들이 돈키호테 아류작(속편)을 펴내 이 역시 베스트셀러가 됩니다. 당시 스페인은 저작권 제도를 법으로 마련해놓았지만, 정작 이웃나라인 포르투갈에서는 이 법의 효력이 미치지 않았던 거지요. 돈키호테의 아류작들이 포르투갈에서 출판되어 스페인으로 역수입되는 웃지못할 해프닝이 벌어집니다. 아무튼 세르반테스도 돈키호테 2권을 집필해 출간합

후안 데 하우레기(Juan de Jáuregui, 1583~1641),
〈세르반테스 초상화〉, 1600년경, 패널에 유채,
왕립역사학회(Real Academia de la Historia), 마드리드

세르반테스가 살아생전에 남긴 초상화는 그의 친구 하우레기가 그린 이 그림이 유일한 것으로 알려져 있습니다. 하지만 이 그림은 제작시기와 진품 여부에 논란이 있습니다. 이 그림은 세르반테스가 1612년에 탈고한 것으로 알려진 『모범소설집(Exemplary Novels)』 서문에 수록되었기 때문에 그의 초상화로 추정되는 것입니다. 세르반테스는 시인이자 화가인 하우레기에게 초상화를 의뢰한 뒤 그림이 완성되자 다음과 같은 푸념을 남깁니다. "당신 앞에 보이는 이 남자는 20년 전 금빛으로 빛나는 수염은 어느새 은빛으로 변했고, 치아도 여섯 개 밖에 남지 않았도다."

니다. '라만차의 영리한 기사 돈키호테의 다음 부분'이란 다소 엉뚱한 제목을 붙이는데요. 이 책이 원래 돈키호테의 진정한 속편임을 독자들에게 각인시키려는 의도가 담겨 있습니다. 책의 결말에서 세르반테스는, 모험을 마친 돈키호테가 고향으로 돌아와 죽음을 맞이하게 합니다. 그리고 2권 서문에 이렇게 밝히지요. "그를 무덤에 묻는 이유는, 어느 누구도 감히 그에 대한 새로운 증언을 하지 못하도록 하기 위함이다." 세르반테스는 더 이상의 아류작이 나올 수 없도록 만든 겁니다.

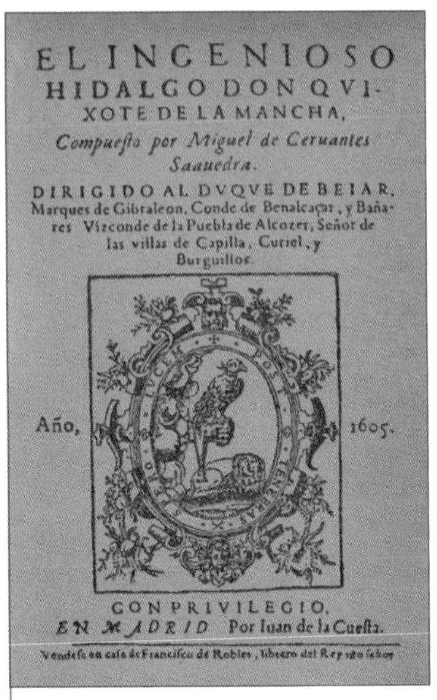

EL INGENIOSO
HIDALGO DON QVI-
XOTE DE LA MANCHA,
*Compuesto por Miguel de Ceruantes Saauedra.*
DIRIGIDO AL DVQVE DE BEIAR,
Marques de Gibraleon, Conde de Benalcaçar, y Bañares, Vizconde de la Puebla de Alcozer, Señor de las villas de Capilla, Curiel, y Burguillos.
Año, 1605.
CON PRIVILEGIO,
EN MADRID Por Iuan de la Cuesta.
Vendese en casa de Francisco de Robles, librero del Rey nro señor

1605년에 출간된 『영리한 이달고 라만차의 돈키호테』의 초판본 표지

## 의학적 코드를 읽는 즐거움

『돈키호테』는 의학을 공부하거나 의료에 종사하는 사람들이라면 반드시 읽어야 할 필독서로 꼽힙니다. 그런데, 과대망상증을 앓는 한 남자의 모험담을 그린 책이 의학계의 필독서라니요, 좀 의아합니다. 하지만 사실입니다. 임상의학의 대가이자 영국의 히포크라테스라 불리는 토머스 시드넘Thomas Sydenham, 1624~1689은 일찍이 그의 제자들에게 좋은 의사가 되기 위해

서는 꼭 『돈키호테』를 읽어야 한다고 설파했습니다. 현대 의학교육의 아버지로 불리는 윌리엄 오슬러William Osler, 1849~1919 또한 의학도들이 침대 머리맡에 두어야 할 책으로 『돈키호테』를 꼽았지요.

"돈키호테라는 이름을 모르는 사람은 없지만, 『돈키호테』를 제대로 읽은 사람 또한 없다."

틀리지 않은 말이지요. 근대소설의 효시라는 찬사 아래 성경 다음으로 많이 읽힌 책으로 『돈키호테』를 거명하지만, 여기에는 거품이 적잖게 끼어있음을 부정할 수 없습니다. 『돈키호테』를 제대로 읽은 사람이 거의 없는 이유는 아마도 방대한 분량 때문일 것입니다. 국내에 완역된 『돈키호테』는 1권만 해도 800쪽에 이릅니다. 스페인 사람들조차도 『돈키호테』를 완독한 사람이 전체 국민 중 5분 1에도 미치지 못한다는 뉴스가 있습니다. 이런 엄청난 책이 의학도의 필독서라니요. 하지만 시드넘이나 오슬러 같은 의학의 대가가 『돈키호테』를 반드시 읽으라고 강권한 데는 다 그만한 이유가 있습니다.

『돈키호테』는 그 방대한 분량 안에 깜짝 놀랄 만큼 정신의학적인 코드들이 적지 않게 담겨 있습니다. 무엇보다 소설의 주인공 돈키호테라는 인물 자체가 정신의학적으로 매우 유의미한 연구 대상입니다. 실제로 전 세계 수많은 정신의학자들이 돈키호테를 대상으로 다양한 연구논문을 발표해 왔습니다. 특히 돈키호테가 보인 광기 어린 망상장애는 현대 정신의학에서도 매우 중요한 연구주제로 꼽힙니다.

이룰 수 없는 꿈을 꾼다네

Dream the impossible

이루어질 수 없는 사랑을 하고

Do the impossible love

이길 수 없는 적과 싸움을 하지

Fight with unwinnable enemy

견딜 수 없는 고통을 견디며

Resist the unresistable pain

잡을 수 없는 저 하늘의 별을 잡기 위해 손을 내미네

Catch the uncatchable star in the sky

_뮤지컬 〈더 맨 오브 라만차(The Man of La Mancha)〉에 나오는 노래
〈이룰 수 없는 꿈(Impossible Dream)〉 중에서

| 오노레 도미에, 〈산을 오르는 돈키호테〉, 1850년, 캔버스에 유채, 39.6×31.2cm, 아티존 미술관, 도쿄

도미에가 그린 〈산을 오르는 돈키호테〉입니다. 부조리에 맞서 세상과 불화했던 화가 도미에는 돈키호테와 닮았습니다. 꾸벅꾸벅 졸고 있는 산초를 뒤로 하고 저 멀리 앞서가는 이상주의자 돈키호테처럼 '이룰 수 없는 꿈'을 꿨던 도미에의 자화상 같은 그림입니다.

이치에 맞지 않는 생각을 가리키는 망상(妄想)은, 의학적인 병명은 아닙니다. 비현실적인 생각이 지나칠 경우 대인관계에서 신뢰를 잃기도 하지만, 이것이 하나의 질환으로 판정받으려면 병적인 상태로까지 악화되어야 합니다. 망상이 심해질 경우 편집증(paranoia)을 유발하고, 경우에 따라 조현병(schizophrenia) 증상의 하나로 보기도 합니다. 조현병은 2010년까지 정신분열증으로 불리었지만, 이 말의 부정적인 의미 때문에 지금은 '현악기를 조율하다'라는 뜻이 담긴 조현(調絃)이란 말로 바꿔 사용하고 있습니다. 조율되지 않는 악기가 불협화음을 내듯이 조현병은 사고(思考), 감정, 지각(知覺), 행동 등 인격의 여러 측면에 걸쳐 광범위한 임상적 이상 증상을 일으킵니다. 뇌는 인간의 모든 정신적, 신체적 기능들을 조절하고 관리하는 기관이기 때문에 뇌에 이상이 생기면 다양한 증상이 나타날 수 있습니다. 조현병은 뇌의 이상으로 발생하는 뇌질환, 뇌장애로 보는 것이 맞습니다. 조현병의 대표적인 증상은 망상과 환청입니다. 환청에 반응하여 혼잣말을 하게 되고 심해지면 위험한 행동으로 이어질 수도 있습니다.

오른쪽 그림은 프랑스 낭만주의 화가 테오도르 제리코Théodore Géricault, 1791~1824가 그린 〈자신이 프랑스군의 장교라는 망상에 빠진 사람〉이라는 독특한 제목의 그림입니다. 제리코는 프랑스 정신의학계를 대표하는 살페트리 병원의 정신과 전문의 조르제 박사의 주문으로 이 그림을 그렸습니다. 그림 속 모델의 표정에서 망상이나 환각에 빠진 표정을 정확히 포착해내어 묘사하는 제리코 만의 발군의 역량을 볼 수 있습니다. 실제로 그림 속 이 남자는 자신이 프랑스군 장교라고 믿으며 하루 종일 전투동작을 연습했다고 합니다.

아무튼 현대의 신경정신과 전문의들은 돈키호테에게 조현병을 진단할 가능성이 높습니다. 이에 대해 스페인의 정신의학과 전문의 가르시아 루이즈Garcia Ruiz 박사는 흥미로운 논문을 발표해 눈길을 끌었습니다. 소설 속 돈키호테가 앓은 질환이 루이소체 치매(Lewy Body Dementia)라는 겁니다.

테오도르 제리코, 〈자신이 프랑스군의 장교라는 망상에 빠진 사람〉, 1822년, 캔버스에 유채, 81×65cm, 오스카 라인하르트 컬렉션 암 뢰머홀츠 미술관, 취리히

루이소체 치매는 전체 치매 환자의 20%에 이를 정도로 비교적 흔한 질병입니다. 병명은 낯설어 보이지만 그렇지 않지요. 〈죽은 시인의 사회〉로 유명한 영화배우 로빈 윌리엄스의 목숨을 앗아간 질병이 바로 루이소체 치매입니다.

루이소체 치매는 신경세포 내에 생기는 비정상적으로 응집된 신경섬유 단백질의 축적으로 인해 발생하는데요. 다른 치매와 구분되는 가장 큰 특징은 파킨슨병 증상을 동반한다는 것입니다. 따라서 파킨슨병의 대표 증상인 보행장애, 떨림 등의 운동기능저하가 나타날 수 있고, 동시에 주의를 인식하지 못하거나 얼이 빠져 보이는 등 주의력에 심각한 장애를 일으키는 인지기능저하가 함께 나타나기도 합니다. 아울러 환시와 환청, 망상장애를 겪게 됩니다. 가르시아 루이스 박사는 『돈키호테』를 면밀히 분석한 뒤 돈키호테가 겪는 망상이 루이소체 치매에 가깝다는 연구 결과를 발표한 것입니다.

가르시아 루이스 박사의 연구논문에 한 가지 추가하고 싶은 것은, '렘수면 행동장애'입니다. 루이소체 치매 환자에게서 관찰되는 증상으로 렘수면 행동장애가 있는데, 『돈키호테』의 내용 중에 돈키호테가 렘수면 행동장애 증상을 보이는 장면이 자주 등장하기 때문이지요.

인간의 수면은 몸이 자고 있어도 뇌가 각성 중인 '렘수면(Rapid Eye Movement-sleep, REM)'과 몸과 뇌가 함께 잠드는 '비렘수면(Non Rapid Eye Movement-sleep, NREM)'으로 나뉘는 데요. 밤에 잠을 잘 때 렘수면과 비렘수면이 대략 90분 주기로 교차하면서 일정한 주기로 반복합니다. 이처럼 렘수면은 꿈을 꾸는 수면의 단계로 움직일 수 없는 상태인데, 렘수면 행동장애(Rem-sleep Behavior Disorder, RBD)는 근육의 힘이 풀리지 않아 꿈을 행동으로 옮기는 증상을 말합니다. 우리가 흔히 알고 있는 몽유병(夢遊病)이 여기에 해당됩니다. 렘수면 행동장애가 있으면 돈키호테처럼 잠을 자다가 이상한 행동을 하게 됩니다. 주로 발길질이나 주먹질을 하거나 팔을 휘두르기도 하며, 말을 하거나 웃거나 고함을 지르며 심한 욕을 하는 등 자면서 감정을 표출하기도 하지요. 앞에 소개한 귀스타브 도레의 삽화(139쪽)

존 에버렛 밀레이스(John Everett Millais, 1829~1896), 〈몽유병환자〉, 1871년, 캔버스에 유채, 154×91cm, 델라웨어 미술관

영국 출신의 라파엘 전파 화가 존 에버렛 밀레이스는 몽유병 환자를 그렸습니다. 잠옷 차림의 맨발의 그녀는 지금 꿈속을 걷고 있습니다. 그림의 제목(The Somnambulist)을 안 이상 섬뜩함보다는 그녀의 안위가 걱정됩니다.

중에 서재에서 책을 읽다 잠든 돈키호테가 칼을 휘두르고 헛소리를 지르는 장면을 그린 게 있는데, 바로 렘수면 행동장애가 강하게 의심되는 대목이지요.

제가 『돈키호테』를 완독한 건 의대시절이 아니라 막 전임의가 되어 대학병원에서 한창 바쁜 시간을 보낼 때였습니다. 두꺼운 『돈키호테』를 옆구리에 끼고 병원 출근길 에스컬레이터에 오르면 여기저기서 수근대는 소리가 들리곤 했지요. 저기 돈키호테간다고 말입니다. 문학과 미술에 파묻혀 지내는 제 모습이 병원 사람들에게는 돈키호테만큼이나 엉뚱해 보였던 모양입니다. 잠이 부족할 만큼 고단한 시절이었지만 오히려 『돈키호테』는 이런 저를 위로하며 견디게 해 준 활력소 같은 존재였습니다. 거기에 토머스 시드넘이 강조했던 의학적 코드는 덤 같은 미덕이었지요.

혹시 지금 가고 있는 길이 올바른 길인지 자꾸 의심이 간다면 『돈키호테』를 펼쳐보길 권합니다. 물론 그 안에 찾고자 하는 정답은 없습니다. 하지만 살다보면 정답 대신 동문서답이 큰 위안이 될 때가 있습니다. 삶에 정답이란 없음을 깨달은 세르반테스가 돈키호테란 동문서답을 세상에 내놓은 이유입니다.

*Hippocrates Gallery*

*08*

•

# '형제의 난(亂)'의 기원

제임스 티소, 〈아벨을 죽이러 끌고 가는 카인〉, 1896년경,
판넬에 과슈, 23.9×18.7cm, 유대인 박물관, 뉴욕

스산한 기운이 물씬 풍기는 숲길을 걷는 두 남자가 보입니다. 덥수룩한 수염을 한 남자가 아직 앳되어 보이는 남자의 손목을 잡고 어디론가 가고 있습니다. 그의 다른 한 손에는 도끼가 들려 있습니다. 수염투성이 남자의 얼굴빛이 어둡습니다. 이 남자, 왠지 오늘 무슨 일을 낼 것만 같습니다. 영문도 모른 채 힘없이 끌어가는 남자는 얼마 뒤 자신에게 닥칠 무서운 일을 어느 정도 예감한 눈치입니다. 얼굴이 불안함으로 가득 차 있습니다. 지금이라도 빨리 그 억센 손을 뿌리치고 어디론가 도망치길 간절히 바래보지만, 운명이란 덫이 그리 녹록하지만은 않습니다.

이 그림은 프랑스 출신의 화가 제임스 티소James Tissot, 1836~1902가 구약성경에 나오는 카인과 아벨의 이야기를 그린 것입니다. 본명이 자크 조제프 티소인 화가는 파리코뮌 이후 영국으로 망명해 제임스 티소로 개명하여 그림을 그렸습니다. 주로 초상화를 그리다가 훗날 종교화에 심취해 성경의 여러 장면을 캔버스에 옮겼습니다. 말년에는 예수의 생애를 다룬 사건들을 연작으로 발표하기도 했지요.

## 오류의 역설 혹은 반전

결국 끔찍한 일이 벌어지고 말았습니다. 형 카인이 동생 아벨을 살해한 것이지요. 오른쪽 그림을 보면, 돌 더미에 파묻힌 채로 죽어가는 아벨의 두 팔이 하늘을 향해 절규하고 있습니다. 카인은 피 묻은 손으로 커다란 돌덩이를 들어 아벨을 무참히 짓뭉갭니다. 까마귀 떼가 이 처참한 광경을 저주하듯 솟구치며 주위를 돌고 있습니다. 이에 놀란 카인이 하던 짓을 멈추고 하늘을 올려다봅니다. 자신이 저지른 엄청난 일을 그제야 깨달은 건가요? 하지만 때는 이미 늦었습니다.

독일 인상주의 대표화가 로비스 코린트Lovis Corinth, 1858~1925가 그린 〈카인〉이란 그림입니다. 그림의 제목이 '카인과 아벨'이 아니라 '카인'입니다. 코린트는 무자비하고 잔인하기 이를 데 없는 카인에 초점을 맞춰 그림을 그렸습니다. 코린트는 이 그림을 제1차 세계대전이 절정으로 치닫던 1917년에 그렸습니다. 전쟁의 참상을 직접 목도한 그는, 전쟁광의 모습에서 카인이 겹쳐졌던 겁니다. 유럽의 평론가들은 이 그림을 가리켜 '유럽의 자화상'이라 했습니다. 코린트는 말년에 중풍이 들어 붓질이 자유롭지 못하면서 인물의 섬세한 묘사에 어려움을 겪습니다. 하지만 거칠고 투박한 그의 화법은 오히려 훨씬 더 강렬한 메시지를 전달하는 효과를 발휘하지요. 이 그림 〈카인〉에서도 군더더기 없는 필치로 카인의 살인행위를 통해 광폭한 군국주의의 만행을 고발합니다.

로비스 코린트, 〈카인〉, 1917년, 캔버스에 유채, 140.3×115.2cm, 뒤셀도르프 미술관

기독교나 천주교 신자가 아니더라도 아담과 이브 사이에서 태어난 두 아들 카인과 아벨 이야기를 모르는 사람은 거의 없을 것입니다. 하나님은 카인과 아벨이 각각 바친 제물 중 카인이 바친 곡식은 받지 않고 아벨이 바친 양만 받습니다. 하나님은 이에 화가 난 카인을 도리어 꾸짖습니다. 동생을 향한 카인의 시기는 무서운 분노로 바뀌고, 급기야 아벨을 죽이는 참사를 저지르고 맙니다.

이야기 구조가 단순하지만 여기에 담긴 함의는 매우 심오합니다. 구약성경의 해당 구절을 향해 한걸음 더 들어가 보면 그 행간에 여러 이야기가 숨어있음을 알게 되지요. 무엇보다 하나님은 왜 카인이 바친 곡식은 받지 않고 아벨이 올린 양만 받은 걸까요? 혹시 평소 카인의 행동거지가 하나님 마음에 영 들지 않았던 걸까요? 하지만 카인과 아벨 두 사람의 일상에 대해서는 구약성경 어디를 봐도 짐작할 수 있는 구절이 없습니다. 그렇다면 두 사람 모두 정성스럽게 자신이 수확한 결과물을 하나님께 바쳤는데, 왜 아벨 것만 받았냐는 겁니다. 카인과 아벨의 이야기가 처음으로 형식을 갖춘 때는 아마도 천지창조 등과 비슷한 시기였을 것입니다. 그렇다면 카인과 아벨 이야기는 대략 기원전 7세기 무렵에 처음으로 구전된 것으로 추론되는데, 이 때는 인류가 수렵경제에서 농업경제로 옮겨가는 시기였습니다. 그런데, 유대민족은 여전히 농경보다는 수렵에 큰 비중을 두었기 때문에 제물의 등급에도 차등을 두었던 모양입니다. 따라서 수렵을 통한 번제물인 양을 곡식보다 우위에 두고자 했던 당시 유대민족의 생활양식이 구약성경에 카인과 아벨 이야기로 구현된 것이라는 추정이 가능합니다.

한편, 구약성경에는 카인이 동생을 죽이고 난 뒤 하나님에게 "사람들이 나를 죽이려 할까봐 두렵다"고 말하는 구절이 나옵니다. 이에 하나님은 "카인을 죽이는 사람에게는 (그것의) 일곱 배로 (엄한) 벌을 내릴 것"이라고 경고합니다. 그리고 하나님은 카인을 에덴동산의 동쪽에 있는 '놋(Land of Nod)'이라는 땅으로 쫓아냅니다. 카인은 이곳에 터전을 마련해 '에녹'이라는 성을 짓고 살아갑니다. 그런데 말입니다. 하나님은 왜 카인을 내쫓는 벌을 내리면서도 그를 죽이지는 못하게 보호했던 걸까요? 또 구약성경에는, 하나님이 아담과 이브를 창조하고 그 아담과 이브가 낳은 아이가 바로 카인과 아벨인데, 카인이 자신을 죽이려 할까봐 두려운 사람들이란 존재가 어떻게 성립할까요? 이에 대해서도 당장 어떤 답을 내놓기가 쉽지 않겠습니다. 다만 구약성경의 신, 즉 여호와의 시각에서 창조와 보호, 약속의 대상은 유대민족에 국한한 것이라고 할 수 있기에, 유대민족 이외의 사람들을 타인 혹은 적으로 여기는 사상적 기조가 구약성경의 구절에 반영된 게 아닐까, 라고 조심스럽게 생각해 봅니다.

성경의 논리적 오류들은 이것 말고도 적지 않습니다. 이런 의문들은 성경의 내용을 부정하는 사람들에게 좋은 공격거리를 제공하지요. 하지만 그저 성경의 모순을 지적하는 것에서 머문다면 그게 무슨 의미가 있을까 싶습니다. 의심과 반론을 통해 성경의 해석이 좀 더 풍성해져야 하고, 또 이를 통해 다른 문명의 신화로까지 비교 · 확장해서 되짚어 볼 수 있는 기회로 활용되어야 하는 게 아닐까요? 이를테면 '오류의 역설'이지요.

| 페테르 파울 루벤스(Peter Paul Rubens, 1577~1640), 〈아벨을 내리치는 카인〉, 1608~09년, 캔버스에 유채, 131.2×94.2cm, 코톨드 미술관, 런던

카인과 아벨 이야기는 구약성경 말고도

여러 신화에 기록되어 있듯이

많은 화가들이 그림으로 남겼습니다.

저는 런던 코톨드 미술관이 소장하는

페테르 파울 루벤스의 〈아벨을 내리치는 카인〉이

가장 인상적입니다.

지금으로부터 400여 년 전인 1609년에 그려진 이 그림은

세월을 이기지 못하고 퇴색되어

최신 복원기술의 도움을 받아야 했지요.

오래 전 언젠가 런던 템스강변을 걷다

갑자기 쏟아진 비를 피해 들어간 서머셋하우스에서

아주 작은 입구와 기묘한 계단을 따라 올라가

보물창고와도 같은 한 작은 미술관을 만났습니다.

코톨드 미술관!

마네의 걸작 〈폴리 베르제르 술집〉이 그곳에 있었습니다.

그리고 이 그림 〈아벨을 내리치는 카인〉 앞에 섰을 때

쿵쾅거렸던 가슴을 진정시키느라

애를 먹었던 기억이 지금도 생생합니다.

## 최초의 슬픔

•

구약성경의 카인과 아벨에 관해서 매우 흥미로운 해석 하나 더 소개하겠습니다. 구약성경에서 카인이 아벨을 죽인 이유는 단지 신을 향한 질투와 시기심입니다. 왠지 살해동기로는 좀 빈약해 보이는 게 사실입니다. 이에 관해서 유대교 성경주석인 미드라시(Midrash)에 색다른 해석이 존재합니다. 미드라시는 헤브라이어 '찾아서 구하다'를 뜻하는 'darash'의 파생어로 '성경해석'을 의미하는 랍비의 유대교 용어입니다. 미드라시에 따르면, 아담과 이브 사이에는 두 아들 카인과 아벨에게 각각 쌍둥이 누이동생이 있었다고 합니다. 그러니까 카인과 쌍둥이로 태어난 딸 아클리마(Aclima)와, 그 뒤 아벨과 쌍둥이로 태어난 주멜리아(Jumelia)가 있었다는 거지요. 아클리마는 아벨의 누나가 되고 주멜리아는 카인의 여동생이 되는 셈입니다. 아담과 이브의 두 딸 중 아클리마가 특히 아름다웠는데, 아클리마는 카인과 쌍둥이로 태어났기 때문에 동생 아벨과 결혼하기로, 그리

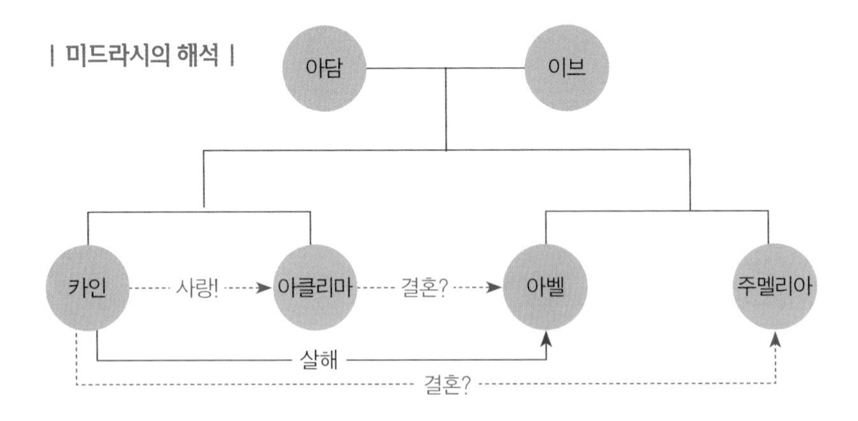

〈코란의 필사본〉, 양피지(parchment)에 잉크, 버밍햄 대학교 도서관 소장 : 코란(Koran, Quran)은 이슬람의 예언자 무함마드가 610년 아라비아 반도 메카 근교의 히라 산 동굴에서 천사 가브리엘을 통해 처음으로 유일신 알라의 계시를 받은 뒤부터 632년 죽을 때까지 받은 계시를 집대성한 이슬람교의 경전(經典)이다.

고 카인은 주멜리아와 결혼하기로 정해집니다. 아름다운 아클리마를 흠모해오던 카인으로서는 받아들일 수 없는 결정이었지요. 결국 카인은 아클리마를 차지하기 위해 아벨을 죽였다는 게 미드라시의 해석입니다.

아클리마를 두고 벌어진 카인과 아벨 사이의 치정 이야기는 기독교 사회에서는 거의 받아들여지지 않았습니다. 하지만 유대교 전승은 물론 이슬람 문명에서도, 카인이 아벨을 죽인 이유에 대해서 많은 학자들이 논쟁을 벌여왔습니다. 이슬람의 창시자이자 예언가 무함마드Muhammad, 570~632는 코란(5장 27절에서 31절까지)에서 카인과 아벨의 이야기를 매우 상세하게 소개합니다. 무함마드의 언행전승을 기록한 하디스(hadith)에서도 살인에 대해 이야기하는 대목에서 카인과 아벨 이야기를 언급합니다. 이슬람의 전승은 한 걸음 더 나아갑니다. 두 아들이 한 여자를 두고 계속 다투는 모습을 보고 안타까워 한 아담이 제안하기를, "각자가 신에게 제물을 바치고 신에게 판단하라고 하자"라고 했다는 겁니다. 이에 아벨은 자신이 키우는 양 가운데서 가장 살찐 양을 제물로 바친데 반해, 카인은 인색하게도 많지 않은 곡물을 바쳤습니다. 결과는 빤했겠지요.

이슬람 전승은 살인 과정과 그 이후 벌어진 상황에 대해서도 매우 구체적으로 묘사합니다. 사탄이 카인에게 나타나서 "아벨의 머리를 돌로 쳐서 죽여라"라고 했고, 지시대로 카인이 아벨을 죽이자 사탄이 두 아들의 어미인 이브에게 가서 카인이 아벨을 죽였음을 알렸다고 합니다. 그런데 이브는 '살인'이 무엇인지, 또 '죽음'이 무엇인지 알지 못했습니다. 신이 최초로 만든 인간이 아담과 이브였고, 그 둘이 아직 죽지 않았으니 '죽음'이라는 개념을 이해할 수가 없었던 거지요. 그래서 이브가 놀라서 그 뜻을 묻자 사탄이 이렇게 설명합니다.

"그는 더 이상 먹지 않습니다. 그는 더 이상 마시지도 않습니다. 그는 움직이지 않습니다."

사탄의 설명에 이브는 죽음이 어떤 것인지 이해하게 됩니다. 그리고 뭐라 형언할 수 없을 만큼 깊은 슬픔이 밀려와 눈물을 흘립니다. 이브는 이 사실을 아담에게 알리고자 하지만, 멈춰지지 않는 울음 때문에 말을 잇지 못합니다. 이브의 슬픔이 비로소 자식을 잃은 어미의 가슴 찢어지는 고통의 시초를 이루게 된 것입니다.

이슬람이 카인과 아벨 이야기를 기록한 것은 7세기경인 것으로 전해집니다. 구약성경에 비해 이야기의 구조가 훨씬 탄탄해졌음을 알 수 있습니다. 후대로 갈수록 이야기의 신뢰성을 담보하기 위해 많은 장치들이 동원되었던 거지요.

카인과 아벨 이야기는 구약성경과 이슬람 경전 코란 이외에 다른 신화에도 등장합니다. 인류 최고(最古) 문명 발상지로 알려진 메소포타미아 지역 수메르(Sumer)에서도 카인과 아벨 이야기와 유사한 설화가 전해집니다. 바로 여신 이난나(Inanna) 설화입니다. 양치기인 두무지드(Dumuzid)와 농부 엔킴두(Enkimdu)는 여신 이난나에게 잘 보이기 위해 제물을 바치는 경쟁을 벌이는 데, 이난나는 양치기 두무지드의 제물을 받습니다. 카인과 아벨의 이야기 구조와 닮아있지요. 하지만 두 이야기가 완전히 일치하는 건 아닙니다. 수메르 설화에 등장하는 여신 이난나는 사랑과 아름다움, 생산, 전쟁, 정의 그리고 욕망과 섹스를 상징하는데요. 이난나 설화의 결말은 다소 의외입니다. 양치기의 제물을 더 선호한 여신이 양치기 두무지드와 결혼하기 때문이지요.

〈여신 이난나가 새겨진 판석 조각〉, 기원전 2500년경 추정, 베를린 박물관 섬 중 '고대 근동관(Museum of Ancient Near East)' 소장

여신 이난나 설화가 수메르 문명에 등장한 것은 기원전 4천 년경부터 3천 년경 사이인 것으로 알려져 있습니다. 이를 감안하건대 이난나 설화의 원형이 구약성경이 아닌 것이 분명합니다. 구약성경이 성문화된 것은 대략 기원전 1천 년 전이기 때문입니다. 그래서일까요, 이난나 설화의 이야기 구조는 구약성경에 비해 훨씬 거칠고 비약이 심합니다.

인류 최초의 슬픔은 자식 아벨을 잃은 어미 이브의 슬픔입니다.

이브의 슬픔이 더욱 가혹한 건 그녀가 피해자의 어미이자

동시에 가해자의 어미이기 때문입니다.

프랑스 출신 신고전주의 화가 부그로가 그린

그림의 제목도 〈최초의 슬픔〉입니다.

창백한 시신이 아비 아담의 무릎에 활처럼 휘어져 누워있습니다.

바닥의 붉은 피는 조금 전 참혹했던 순간을 환기시킵니다.

불행한 가족의 뒤로 멀리 연기가 피어오르는 제단이 보입니다.

연기는 폭풍 구름과 합쳐져 하늘과 땅의 경계를 무너트립니다.

그 광경은, 어디가 하늘이고 어디부터가 땅인지 가늠할 수 없을 만큼

처절한 눈물로 가득한 이브의 시선입니다.

부그로는, 이루 헤아릴 수 없을 만큼 비통한 어미의 마음을

피라미드 구도로 그렸습니다.

그것은 마치 죽은 예수를 안고 있는 마리아를 조각한

미켈란젤로의 피에타를 연상시킵니다.

윌리앙 아돌프 부그로(William-Adolphe Bouguereau, 1825~1905), 〈최초의 슬픔〉, 1888년,
캔버스에 유채, 203×250cm, 아르헨티나 국립 미술관, 부에노스아이레스

## 싸움의 시초

카인과 아벨은, 미술은 물론 문학과 영화 등 다양한 예술 장르의 주제가 되어왔습니다. 셰익스피어의 4대 비극 중 하나인 〈리어왕〉과 존 스타인벡의 소설을 영화화한 엘리아 카잔 감독의 〈에덴의 동쪽〉 등이 카인과 아벨 이야기를 모티브로 한 대표적인 작품이지요. 카인과 아벨은 다양한 학문의 영역에서도 중요한 연구 대상이 되어왔습니다. 정신의학에서 다뤄온 '형제간 경쟁' 및 생명과학의 '형제간 살인'은 카인과 아벨 이야기에서 출발합니다.

'형제(자매)간 경쟁(Sibling Rivalry)'은 부모의 애정을 두고 형제 사이에 서로 대립하는 상호관계를 뜻합니다. 이때 부모는 자녀들을 의식적 혹은 무의식적으로 비교하거나 차별을 합니다. 구약성경에서는 부모 대신 하나님이 그러했지요. 아무튼 이런 이유로 형제간에 경쟁의식이 싹트고 서로 갈등하다가 적대감과 공격적인 행동으로 이어집니다. '형제간 경쟁'은 형제 사이의 서열이나 나이 차이에 따라 다양한 양상으로 나타나는데, 일반적으로 나이 차이가 많을수록 형제간 경쟁의식은 줄어듭니다.

유전학에서 형제간 유전적 연관도는 50%입니다. 서로의 유전자가 절반이나 같음을 의미합니다. 유전적으로 절반이나 같으니 서로 공감하는 게 많아 갈등이 없을 것 같지만 형제간 다툼은 유전적 연관도와 무관할 만큼 심각한 경우가 적지 않습니다. 시쳇말로 "남보다 못한 게 형제"라는

윌리앙 아돌프 부그로, 〈전쟁〉, 1864년, 캔버스에 유채, 84×105cm, 개인 소장

첫돌도 지나지 않은 것처럼 보이는 쌍둥이 아기 둘이서 과일 하나를 두고 싸우고 있습니다. 아무 것도 모르는 아기들의 다툼이려니 하고 대수롭지 않게 보아 넘기다 아기들의 표정에 화들짝 놀라 그림을 다시 봅니다. 서로를 향한 아기들의 표정이 매우 적대적이기 때문입니다. 윌리앙 아돌프 부그로는 그림의 제목을 아예 〈전쟁〉이라 붙였습니다. 그림을 보고 있으면 아기 쌍둥이의 다툼이, 역사에 심심찮게 등장하는 '형제(왕자)의 난'의 축소판 같다는 생각이 듭니다. 그림은, 전쟁의 기원이 형제의 싸움에서 비롯했음을 숨기지 않습니다.

말이 있을 정도니까요. 특이한 건, 부모와 자식 사이의 유전적 연관도도 50%입니다. 하지만 부모의 자식에 대한 사랑은 매우 희생적이지요. 형제간 사랑과 비교할 수 없습니다. 하지만, 부모의 여러 자식에 대한 사랑이 공평한가에 대해선 회의적입니다.

1972년경 미국의 진화생물학자이자 사회생물학자인 로버트 트리버스Robert L. Trivers는 '부모투자이론(Parental Investment Theory)'이란 흥미로운 논문을 발표합니다. 쉽게 말해서 특정한 자식에 대한 부모의 투자는 다른 자식에 대한 투자를 희생하여 이루어진다는 겁니다. 예를 들어, 첫째 아이보다 둘째 아이가 공부를 잘 하는 데 형편상 한 명 밖에 대학에 보낼 수 없다면 첫째는 취직시키고 둘째는 계속 공부를 시키는 경우가 여기에 해당합니다. 이 경우 형제간에는 서로의 희생을 은근히 바라는 마음이 싹트기 마련입니다. 자신이 살아남으려면 말이지요. 희생을 바라는 마음은 경쟁으로 표출되고 그게 과열되면 반목과 싸움으로 치닫게 되지요.

형제간에 미움이 극에 달하면 카인처럼 살해라는 불행한 결과를 초래하기도 합니다. 흥미로운 것은 인간 뿐 아니라 자연계에서도 이러한 일이 벌어진다는 겁니다. 생명과학에서 다루는 '형제간 살해(siblicide)'가 여기에 해당합니다. 검독수리 등의 맹금류에서는 한 번에 두 마리의 새끼가 태어나는데 한 마리밖에 살아남지 못합니다. 이것은 대개의 경우, 먼저 태어난 새끼가 나중에 부화한 제매(弟妹)를 심하게 공격하여 죽여 버리기 때문입니다. 기본적으로 새끼들은 어미에게서 얻은 먹이를 둘러싸고 싸우는

구스타프 포프(Gustav Pope, 1831~1910), 〈리어왕의 세 딸〉, 1876년,
캔버스에 유채, 82×113cm, 폰세 미술관, 푸에르토리코

데 어미의 입장에서는 그 해의 먹이조건에 맞추어 키울 수밖에 없으므로 새끼의 다툼에는 간섭하지 않는 경우가 많다고 합니다. 이처럼 '형제간 살해'는 한꺼번에 여러 마리가 부화하는 조류 사이에서 많이 관찰됩니다.

성경의 구절을 되짚어 가며 읽고 있으면 순간순간 '인간의 비극'이라는 제목의 희곡을 읽는 것 같은 착각에 빠지곤 합니다. 뱀의 유혹을 못 이겨 선악과를 먹고 쫓겨난 아담과 이브의 불행한 삶은 두 아들 카인과 아벨 사이에서 벌어진 형제간 살해로 절정에 이릅니다. 인간 삶의 궁극적 목표는 얼마나 더 행복해질 것인가가 아니라 얼마나 덜 불행해 질 것인가에 방점을 찍어야 하지 않을까, 라는 생각마저 들게 합니다.

어쩌면 셰익스피어의 생각도 저와 같지 않았을까 싶습니다. 그의 희곡들은 마치 성경의 비극적 경고를 공연하는 가상극처럼 읽히기 때문입니다. 셰익스피어의 4대 비극 가운데 하나인 〈리어왕〉은 카인과 아벨의 데자뷔라 해도 지나치지 않지요. 리어왕의 세 딸 고너릴과 리건, 그리고 코델리아의 반목과 갈등은 인류 역사상 수 없이 반복된 '왕자의 난'을 투영합니다. 심지어 현대 자본주의 세상에서 벌어지는 재벌 2세들 사이의 송사(訟事) 또한 그와 다르지 않습니다.

결국 카인과 아벨의 비극은 어쩔 도리가 없는 동물적 본능인 것일까요? 정신의학에서 다룬 '형제간 경쟁'이라는 연구주제를 인간의 '도덕적 의지'로 충분히 뒤집을 수 있다는 증례가 쏟아져 나오길 학수고대해 봅니다.

*Hippocrates Gallery*

*09*

•

# 지적이며 우아했던
# 어느 프랑스 여인에 관한 기억

루이-미셸 반 루, 〈왕의 초상화〉, 18세기경,
캔버스에 유채, 227×184cm, 베르사유궁전, 이블린

금으로 만든 칼과 지휘봉, 금실로 수놓은 망토, 금박으로 마감한 가구까지 호화찬란한 금빛에 파묻힌 이 남자는 누가 봐도 왕입니다. 왼쪽 쿠션 위에 놓인 왕관을 보지 않았더라도 금으로 이만큼 치장할 수 있는 사람은 왕 말고는 드물겠지요. 중세에서 근대로 넘어가는 절대왕정의 시대에 프랑스를 통치했던 왕이라면 대부분 루이 14세를 떠올립니다. 본인 스스로 '짐이 곧 국가다'라고 했듯이 그는 프랑스 절대왕정의 아이콘이었습니다. 하지만 이 남자, 루이 14세라고 하기에는 짙은 쌍꺼풀의 인상이 좀 유약해 보입니다. 그럼 혹시 단두대의 이슬로 사라졌던 루이 16세? 마리 앙투아네트의 남편 말입니다.

그림 속 왕은 루이 14세도, 루이 16세도 아닙니다. 그는 루이 15세입니다. 루이 14세와 루이 16세 사이에 루이 15세가 있었지만 왠지 사람들은 루이 15세에 대해서는 아는 게 별로 없습니다. 하지만 그의 애첩이 누군지 말하면 그제야 고개를 끄덕입니다. 애첩 때문에 기억되는 왕이라니, 루이 15세로서는 그다지 유쾌하지 않겠지만, 사실입니다.

## 애첩 때문에 기억되는 남자

•

앞쪽의 그림은 루이-미셸 반 루Louis-Michel Van Loo, 1707~1771라고 하는 화가가 그린 것입니다. 그는 왕족이나 귀족의 초상화에서 화려한 의상을 돋보이게 그리는 패션회화(fashion painting, tableaux de mode)의 대가로 알려져 있습니다. 화가는 루이 15세를 지나칠 정도로 눈부시게 그렸지만, 왕으로서의 권위는 느껴지지 않습니다.

루이 15세는 루이 14세의 증손자로 불과 다섯 살의 나이에 왕위에 오릅니다. 그의 조부인 대세자 루이와 부친인 세손 부르고뉴 공작 루이, 그리고 형인 부르타뉴 공작 루이가 1711년과 1712년 사이에 모두 사망했기 때문입니다. 1714년에는 막내 숙부인 베리 공작 샤를마저 죽고 맙니다. 결국 이제 막 엄마젖을 뗀 아기왕 루이 15세를 대신해 측근들의 섭정이 시작됩니다. 유년기를 거쳐 십대에 이르렀을 때도 그는 왕이었지만 정치와 권력을 알기에는 여전히 어렸습니다. 오를레랑 공작 필리프 2세의 뒤를 이어 권력을 거머쥔 부르봉 공작 루이 4세는 어린 루이 15세가 후사 없이 사망할 것을 걱정해 왕의 결혼을 서두릅니다. 루이 15세의 나이 고작 열다섯에 스물두 살의 폴란드 공주 마리 레슈친스카를 왕비로 간택하지요. 루이 15세는 일곱 살이나 많은 왕비와의 사이에 무려 아홉 명의 자녀를 둡니다.

어느덧 루이 15세는 어엿한 성인이 되었지만, 왕으로서는 성장하지 못했습니다. 강력한 카리스마로 나라와 왕실을 호령했던 증조부 루이 14세하고는 완전히 달랐지요. 그는 우유부단했고, 무책임했습니다. 늘 연회와 사냥 등 유희에 푹 빠져 지냈고, 역대 프랑스 왕 중 둘째가라면 서러운 호색가였습니다. 그의 여성편력은 유부녀든 나이 어린 처녀든 가리지 않았습니다. 왕의 주변을 맴돌던 고관대작들은 권력에 무관심한 루이 15세에게 아름다운 여인들을 소개하기에 바빴습니다. 그리고, 루이 15세가 만남을 이어가던 수많은 여인들 중 그의 마음을 사로잡은 이가 있었으니, 바로 마담 에티올르입니다.

훗날 왕실로부터 퐁파두르 후작을 수여받은 마담 에티올르에게 루이 15세는 인생 전체를 걸만큼 중요한 존재였지요. 그녀의 오른손목에 루이 15세 문양의 팔찌가 인상적입니다.

프랑수아 부셰,
〈잔 앙투아네트 푸아송, 퐁파두르 후작〉,
1758년, 캔버스에 유채, 81×63cm,
하버드대학교 포그 미술관, 메사추세츠

'마담'이라는 호칭에서 알 수 있듯이 에티올르는 유부녀입니다. 무능하지만 바람막이 남편이 있고, 또 아이도 있었지요. (자녀 두 명 모두 어린 나이에 사망합니다.) 결혼 전 잔-앙투아네트 푸아송이란 이름을 가진 그녀에게는 상류층 남성들을 상대하는 직업여성 어머니가 있었습니다. 아버지가 누군지도 모르게 태어난 그녀는 어려서부터 매우 엄격한 기숙학교에 보내져 교육을 받습니다. 교양 있고 정숙한 여성으로 성장한 뒤 자신을 돌봐 준 후견인의 조카와 결혼을 하면서 남편의 성을 따 마담 에티올르로 불리게 되지요. 하지만 그녀에게는 한 남자의 평범한 아내로 살 수 없는 피가 흘렀던 모양입니다. 타고난 미모에 지식과 교양까지 겸비하더니 단숨에 프랑스 사교계를 접수(!)합니다. 수많은 상류층 귀족들과 염문을 뿌리지요. 그리고 그녀의 눈은 왕실을 향합니다.

그녀가 후견인으로부터 물려받은 영지는 루이 15세가 자주 찾는 사냥터와 가까웠습니다. 그녀가 이 기회를 놓칠 리 없습니다. 루이 15세가 사냥을 오는 날을 알아내어 우연을 가장하여 그곳을 찾아갑니다. 왕의 눈에 잘 띄려고 핑크색 마차를 탈 때는 푸른색 드레스를 입고, 푸른색 마차에는 핑크색 드레스를 입을 만큼 용의주도합니다. 설마 눈부시게 아름다운 그녀를 호색가 루이 15세가 외면했을까요? 두 사람은 급속도로 가까워졌고, 루이 15세는 베르사유궁전에서 열리는 가면무도회에 그녀를 초청합니다. 이날 무도회에서 루이 15세는 쓰고 있던 가면을 벗어던지며 그녀에 대한 관심을 공개적으로 표시합니다. 프랑스 왕실에 새로운 권력이 탄생하는 순간입니다.

장 마르크 나티에르(Jean-Marc Nattier, 1685~1766),
〈수렵의 여신 다이애나로서의 퐁파두르〉, 1746년, 캔버스에 유채, 102×82cm,
베르사유궁전, 이블린

화가 나티에르는 퐁파두르를 그리스 신화에 나오는 수렵의 여신 다이애나로 묘사했습니다. 그녀는 사냥터에서 만난 루이 15세가 넋이 나갈 정도로 아름답습니다. 나티에르는 초상화를 주문한 왕족이나 귀부인을 그리스 신화에 나오는 캐릭터로 그려 크게 인기를 끌었던 화가입니다. 이 그림에서 한 가지 더 주목할 것은 퐁파두르의 하반신을 덮고 있는 서늘한 느낌의 파란색 천입니다. 파란색은 서양미술사에서 성모 마리아를 상징하는 성스러운 색상입니다. 그림 속 부드럽고 연한 느낌의 파란색은 화가 나티에르가 만든 색으로, 후대에 그의 이름을 따서 '나티에르 블루(Nattier Blue)'로 불립니다.

## 마담 퐁파두르 후작의 탄생

•

그녀가 베르사유궁전에 입성해 루이 15세의 측근(혹은 애첩!)이 되어 가장 먼저 한 일은 지금의 남편과 이혼하는 것이었습니다. 루이 15세는 그녀의 남편에게 적지 않은 보상을 했고, 두 사람은 이혼합니다. 평범한 신분의 여인이 권모술수의 정글인 베르사유에서 살아남는 것은 결코 쉬운 일이 아니었습니다. 아무리 그녀가 왕의 총애를 받는다고 해도 말이지요. 그녀는 왕실에 들어오기 전 이웃에 살던 퐁파두르 후작부인에게서 퐁파두르라는 칭호와 문장(紋章)을 사들인 뒤 루이 15세에게 후작 작위를 내어줄 것을 청합니다. 후작을 뜻하는 마르퀴즈(Marquise)는 남성에게 붙이는 게 보통이고 여성은 후작부인이 되는 게 관례인데, 그녀는 루이 15세의 은혜를 입어 여성으로서 후작의 신분을 얻게 됩니다. 이로써 마담 퐁파두르 후작(Madame de Pompadour Marquise)이 탄생하게 된 거지요.

왕실에 입성해 후작이 된 퐁파두르의 시선은 다양한 예술 분야로 향합니다. 신분적 딜레마를 극복하기 위해 자신이 가장 잘 할 수 있는 것에서 두각을 나타내려는 복안이지요. 그녀의 전략(!)은 주효했습니다. 18세기 프랑스의 문화 사조를 뜻하는 로코코(Rococo)가 퐁파두르의 주도로 발전해 나갔다고 해도 과언이 아닐 정도로 그녀는 당시 문화와 예술의 아이콘이 되지요. 그녀의 의상과 헤어스타일은 '퐁파두르 스타일'이 되어 프랑스는 물론 전 유럽 여성들의 워너비(wanna be)가 됩니다. 그녀가 사용한 찻잔과 그릇 같은 생활용품에서 가구, 커튼에 이르기까지 퐁파두르는 하나의 현상이 됩니다.

특히 퐁파두르는 예술적 가치가 높은 도자기에 큰 관심을 둡니다. 유럽 예술계의 리더를 자처해온 프랑스가 도자기만큼은 뒤처져 해외에서 수입하는 것을 그녀는 간파합니다. 퐁파두르는 루이 15세의 든든한 지원으로 본격적으로 도자기 사업에 나섭니다. 퐁파두르는 최고의 도자기 전문가들을 찾아 그들에게 지원을 아끼지 않으며 '세브르(Sevres)'라고 불리는 독보적인 스타일의 도자기를 완성합니다. 그녀는 특히 도자기의 색상을 강조했는데요. 붉은 빛이 너무 강하지 않으면서도 또 바래보이지 않는 연분홍빛 바탕에 꽃 장식으로 아름다움을 더한 색상은 '퐁파두르의 장밋빛'이라 불리며 전 유럽에 걸쳐 크게 유행합니다.

'퐁파두르 장밋빛'에 해당하는 세브르 도자기 : 〈촛대 달린 꽃병〉, 1760년대, 연질자기(soft-paste porcelain), 35.2×22.9×35.cm, 프랑스 국립 도자기 제작소, 세브르

미술 분야에서도 퐁파두르의 존재감은 빛납니다. 그녀는 재능 있는 많은 화가들을 경제적으로 지원하며 도왔습니다. 특히 퐁파두르의 전속 초상화가로 불려도 지나치지 않을 만큼 그녀가 아꼈던 프랑수아 부셰François Boucher, 1703~1770는 궁정화가가 되어 베르사유의 화려한 태피스트리와 장식물들의 디자인을 도맡습니다. 서양미술사는 부셰를 로코코 시대를 대표하는 화가로 기억합니다.

부셰가 그린 〈마담 퐁파두르의 초상〉입니다.

퐁파두르의 초상화 중 가장 유명한

그림 가운데 하나이지요.

퐁파두르가 왕들의 다른 후궁과 달랐던 건

예술에 대한 조예가 깊고 또 매우 지적이라는 점입니다.

그녀는 베르사유에서 자신이 처한 신분적 딜레마를

예술적이고 지적인 이미지를 부각시키며 극복해 나갑니다.

그녀의 초상화에 책들이 자주 등장하는 이유이지요.

하지만, 일부 고관대작들의 시선은

퐁파두르가 의도했던 것과는 조금 달랐던 모양입니다.

그들은 초상화 속 퐁파두르 손에 들린 책보다는

깊게 파인 그녀의 가슴을 바라봤습니다.

또 귀부인들은, 퐁파두르의 예술적 소양보다는

그녀의 화려한 사치스러움에 관심이 컸습니다.

프랑수아 부셰, 〈마담 퐁파두르의 초상〉, 1756년, 캔버스에 유채, 212×164cm,
알테 피나코테크, 뮌헨

## 길지 않았던 리즈시절

•

누군가 그랬지요. 권력은 확장을 멈추는 순간 바로 꺾여버린다고요. 퐁파두르의 세력은 멈추지 않았습니다. 학문과 심지어 외교로까지 확장해 나갑니다. 하지만 권력이란 게임은 늘 위태롭기 마련입니다.

퐁파두르는 장 자크 루소, 몽테스키외, 볼테르 등 진보 지식인들을 자신이 운영하는 살롱모임에 자주 초대해 교류했습니다. 그러면서 자연스럽게 계몽사상에 눈을 뜨지요. 계몽주의 철학은 앙시앵 레짐(ancien régime, 구제도)에서는 불온사상으로 취급받았지만, 퐁파두르는 문제의 심각성을 크게 고려하지 않은 듯합니다. 그녀의 지적 관심은 진보 지식인들이 편찬해온『백과전서』의 지원으로 이어집니다.

『백과전서』는 진보 지식인 디드로와 달랑베르 등의 감수를 거쳐 1751년 제1권의 발행을 시작으로 무려 21년 동안 본문 19권, 도판(圖版) 11권의 총서로 완성됩니다. 과학기술과 인문학을 집대성하는 가운데 이성(理性)을 강조한 반면, 신학과 교회의 부조리를 비판하는 내용을 적지 않게 담고 있습니다. 이 때문에 당국으로부터 발행금지 등의 탄압을 받았고, 그때마다 퐁파두르의 도움으로 여러 차례 위기를 모면합니다.『백과전서』 편찬의 기본 취지는 혁명보다는 점진적인 개혁을 주창한 것이지만, 근대적인 사고방식으로 민중을 계몽하고 권위에 비판적인 태도를 취했기 때문에 프랑스혁명의 사상적 배경이 됩니다. 결국 퐁파두르의 행보는 절대왕정 체제를 비판하는 지식인들과 교류하고 지원하는 모습으로 비춰집니다.

한편, 왕실의 외교에 대한 퐁파두르의 관여는 그녀에게 부메랑이 되고 맙니다. 1755년에 오스트리아의 유력 정치가이자 외교관 카우니츠가 퐁파두르에게 외교 협상에서 영향력을 발휘해줄 것을 청합니다. 이는 곧 프로이센을 견제하기 위해 프랑스와 오스트리아가 제휴하는 동맹으로 이어집니다. 이로써 프랑스와 오스트리아는 과거부터 이어져 온 숙적 관계를 청산합니다. 역사가들이 '동맹의 역전' 혹은 '외교 혁명'으로 부를 정도로 대단한 사건이지요. 루이 15세가 오스트리아와의 제휴에 동의하는 데 퐁파두르의 입김이 크게 작용합니다.

하지만 프랑스와 오스트리아의 동맹은 성공하지 못합니다. '7년 전쟁'에서의 패전으로 외교 혁명은 실패한 동맹이 되고 말지요. 프랑스-오스트리아-스페인-러시아로 이어지는 동맹은 프로이센-잉글랜드-하노버공국에게 무릎을 꿇습니다. 이로 인해 프랑스는 해외 식민지를 잃고 재정 파탄 상태에 빠집니다. 그리고 퐁파두르를 탐탁잖게 여겼던 왕족들 사이에서 외교 혁명에 깊이 관여한 그녀를 향한 비난의 목소리가 더욱 거세집니다.

권력의 유효기간은 생각보다 길지 않았습니다. 그렇게 퐁파두르의 전성시대가 저물어갔습니다. 그녀를 향한 루이 15세의 애정도 서서히 식어갔지요. 그녀 역시 세월을 이길 수가 없었습니다. 반면, 왕의 주변에는 늘 새롭고 젊은 여성들로 넘쳐났습니다.

모리스 캉탱 드 라투르(Maurice Quentin de La Tour, 1704~1788), 〈마담 퐁파두르의 초상〉, 1755년, 종이를 댄 캔버스 위에 파스텔, 175×128cm, 루브르 박물관, 파리

모리스 캉탱 드 라투르가 그린 〈마담 퐁파두르의 초상〉입니다.

그림 속 퐁파두르는 오페라의 아리아 악보를 읽고 있습니다.

그녀는 음악에도 조예가 깊음을 보여주고 싶었던 모양입니다.

퐁파두르를 가장 아름답게 묘사한 그림으로 꼽히는

라투르의 초상화에는 흥미로운 소품들이 여럿 눈에 띕니다.

악기와 책 그리고 지구본까지 보입니다.

그녀의 소양이 예술과 인문학 뿐 아니라

자연과학에까지 미쳤음을 보여줍니다.

이 그림에서 특히 주목할 것은 책등에 금박으로

'ENCYCLOPEDIE'라고 쓰여진 장정입니다.

'백과전서'를 뜻하는 이 책은, 과학기술에서 인문학과 예술에

이르기까지 지식 전반을 아우릅니다.

퐁파두르는 진보 지식인들이 주도한

백과전서 편찬에 대한 지원을 아끼지 않습니다.

하지만 백과전서는 계몽주의를 여는 산물이 되어

훗날 프랑스대혁명의 사상적 기반을 제공합니다.

혁명은, 퐁파두르가 일생동안 열망해왔던

왕실의 권위를 산산조각 냅니다.

## 말 못할 아픔과 고통

•

한편, 퐁파두르가 베르사유 안에서의 권력다툼보다 더 힘들어했던 건 따로 있었습니다. 바로 루이 15세의 비정상적인 호색행위였지요. 앞에서도 밝혔지만 루이 15세의 여성편력은 상상을 초월할 정도였습니다. 열다섯 살에 결혼해 맞이한 왕비 레스친스키와의 관계는 오래 가지 않아 소홀해졌고, 퐁파두르 말고도 여러 후궁을 거느렸습니다. 그는 연일 이어지는 연회에서 상대를 바꿔가며 성적 향락에 빠져 살았습니다.

루이 15세는 퐁파두르를 다른 후궁과는 달리 그녀의 지적이고 교양 있는 면을 존중하고 지지했지만, 다른 한편으론 매우 지나친 성적 집착으로 그녀를 매우 힘들게 했습니다. 하지만 퐁파두르는 루이 15세의 요구를 거절할 수 없었습니다. 루이 15세는 퐁파두르를 아꼈지만, 결국 그녀의 신분은 애첩이었습니다. 자칫 왕의 비위라도 상할까봐 그녀는 늘 조심스러웠습니다.

퐁파두르는 루이 15세로부터 감염된 성병에 오랜 세월 고통을 받아야 했습니다. 당시 많은 유럽의 왕들이 무분별한 성생활로 성병을 달고 살았다는 기록이 전해집니다. 하물며 루이 15세는 말할 것도 없었겠지요. 대부분의 성병은 성관계로 인해 쉽게 감염이 일어납니다. 퐁파두르는 루이 15세에게서 감염된 성병 때문에 힘겨워했지만, 내색할 수 없었습니다. 그 당시 그녀가 감내해야 했을 인간적인 모멸감이 어떠했을지 생각해 봅니다.

퐁파두르가 루이 15세에게서 옮은 성병은 현대의학에서 성매개감염병(Sexually Transmitted Disease STD)이라고 부릅니다. 성병의 종류는 매우 다양해 퐁파두르가 어떤 성병에 감염되었는지는 명확하게 알 수 없습니다. 현대의학에서 성병의 원인균은 30가지가 넘게 보고되고 있는데, 그 가운데 세균감염에 의한 것으로 매독, 임질, 연성하감, 비임균성 요도염(클라미디아) 등이 있습니다. 문제는 여성이 성병에 감염될 경우, 그 후유증이 적지 않게 나타난다는 점입니다. 자궁과 난관(나팔관)을 통해 복막 내부로 퍼지면서 심각한 합병증을 유발할 수도 있고, 경우에 따라서는 불임을 초래하기도 합니다. 퐁파두르는 오랜 세월 냉증에 시달렸다고 하는 데, 이는 아마도 트리코모나스 질염(Trichomoniasis, 주로 남성의 성기에 기생하는 기생충에 감염되어 생긴 질환)에 의한 합병증으로 의심됩니다.

예나 지금이나 성병은 말 못할 질환이어서 치료를 받기 위해 의사를 찾아 나서는 게 쉽지 않습니다. 퐁파두르가 살던 시대에는 변변한 치료약조차 개발되지 않았기에 수많은 여성들이 합병증에 시달렸습니다. 고통스런 나날을 보내던 퐁파두르는 치료의 목적으로 비데를 구해 사용했다는 기록이 전해집니다. 당시의 비데는 지금처럼 전자동으로 더운물이 나오는 것은 물론 아니었지만, 따뜻한 물로 불편한 부위를 충분히 마사지를 함으로써 어느 정도의 효능을 봤던 것으로 전해집니다. 비데(bidet)의 어원은 프랑스어로 귀족사회에서 기르던 애완용 조랑말을 뜻하는 데, 풍속화가 루이 레오폴드 부알리Louis-Léopold Boilly, 1761~1845의 그림 〈친밀한 화장실〉에서 여인이 앉아있는 비데의 모습은 조랑말을 닮았습니다. 부알리의 그림은 현대 비뇨기과학과 부인과학에서 매우 중요한 의학사료로 회자됩니다. 사실 비데를 처음 사용한 것은 여성이 아니라 남성이었습니다. 십자군 원정에 나섰던 중세의 기사들이 고향으로 돌아오는 길에 세척의 목적으로 비데를 만들어 사용했다는 기록이 전해집니다.

루이 레오폴드 부알리, 〈친밀한 화장실〉, 1790년경, 소장처 미상

건강이 악화된 퐁파두르는 본인을 대신해 다른 여성들을 섭외해 왕의 침실에 들였다는 씁쓸한 이야기도 전해집니다. 왕과 내밀한 관계의 여성들을 위해 할렘과 같은 공간을 만든 것도 그녀의 아이디어였다고 하니 더욱 가슴이 아픕니다. 그곳은 사슴공원(Parc-aux-Cerfs)이라는 비밀스런 별칭으로 운영되었습니다. 부셰의 유명한 그림 〈금발의 오달리스크〉의 모델인 마리 루이즈 오머피Marie-Louise O'Murphy는 사슴공원에서 루이 15세가 가장 아꼈던 열다섯 살의 소녀였습니다. 퐁파두르의 남동생이 소장하던 〈금발의 오달리스크〉를 본 루이 15세는 그림 속 모델인 오머피에 반합니다. 이를 전해들은 퐁파두르는 수소문해 오머피를 찾아 사슴공원으로 보내고, 루이 15세는 한동안 오머피에 빠져 지냅니다. 오머피는 왕과의 사이에서 아이까지 낳아 기릅니다.

프랑수아 부셰, 〈금발의 오달리스크〉, 1752년,
캔버스에 유채, 59×73cm, 알테 피나코테크, 뮌헨

심지어 오머피는 왕의 제2부인의 지위에 있는 퐁파두르를 밀어내고 자신이 그 자리를 차지하려 계략을 꾸미지만, 실패로 돌아갑니다.

## 살인적인 암투와 고질병, 그리고 죽음

•

불우한 가정에서 태어나 국왕에게 가장 사랑받는 여인으로서 모든 여성들의 선망의 대상이 되었지만, 결국 이런 의문이 듭니다. 퐁파두르는 진정 행복했을까요? 베르사유에서 평생을 암투에 시달려야 했고, 왕과의

사이에서 말 못할 고통을 감내해야만 했으며, 심지어 전 남편과의 사이에서 태어난 자녀들은 모두 어린 나이에 세상을 등졌는데 말입니다.

기록에 따르면 퐁파두르는 죽을 때까지 극심한 편두통(migraine)에 시달렸다고 합니다. 편두통은 머리 혈관의 기능 이상으로 인해 발작적이며 주기적으로 나타나는 머리통증의 일종입니다. 편두통의 기전은 현대의학에서도 명확하게 밝혀내지 못했을 정도로 난치성 질환입니다. 가장 흔한 유발원인으로 스트레스와 만성피로를 생각할 수 있습니다. 편두통의 발병률은 남성보다 여성에게서 3배 이상 높게 나타납니다. 특히 여성의 경우 월경기 때 호르몬 양의 변화로 생리통과 함께 편두통이 나타나는 경우가 많지요. 월경기에 여성의 호르몬인 에스트로겐 농도가 낮아지면 편두통이 생길 수 있습니다. 편두통은 대개 중증도 이상의 고통을 동반하여 환자의 80% 이상이 일상생활에 지장을 받는다고 합니다. 실제로 편두통은 고통의 정도가 당뇨병이나 우울증과 비슷하다는 연구결과도 있습니다.

퐁파두르가 사망한 1764년 3월 26일자 진료기록지에는, 그녀가 월경을 전후해 극심한 편두통을 호소했다고 합니다. 기록에 따르면, 퐁파두르는 이러한 편두통을 20년 넘게 앓아왔다고 합니다. 잠시도 긴장감에서 벗어날 수 없는 왕실에서의 폭풍 같은 삶을 감안하건대, 그녀가 앓았던 극심한 편두통은 충분히 개연성이 있습니다. 퐁파두르가 발작성 편두통을 일으킬 때면 시녀들도 그녀의 행방을 찾을 수 없게 왕실 어디론가 숨어 혼자서 끙끙 앓았다는 기록도 전해집니다.

프랑수아 위베르 드루에, 〈자수틀 앞에 있는 마담 퐁파두르〉, 1764년,
캔버스에 유채, 217×157cm, 내셔널 갤러리, 런던

1764년 퐁파두르는 마흔셋 젊은 나이로 영면합니다. 공식적인 사인은 폐결핵이지만 부검을 하지 않아 정확하지 않습니다. 에밀 캄파르동 같은 역사학자는 그녀가 심장질환으로 사망했다고 주장하지만, 이 역시도 추론일 뿐이지요. 루이 15세는 퐁파두르가 쇠약해져 거동이 어려워질 때부터 눈을 감는 순간까지 그녀의 곁을 지켰습니다. 퐁파두르는 삶의 마지막 수 주 동안 극심한 고통에 시달리면서도 품위를 잃지 않았습니다. 프랑수아 위베르 드루에François-Hubert Drouais, 1727~1775가 그린 초상화는 세상을 뜨기 얼마 전의 그녀 모습입니다. 퉁퉁 부은 얼굴로 예의 온화한 미소를 잃지 않습니다. 이런 모습에 그녀를 시기하던 사람들도 그 마지막 순간을 추모했습니다. 하지만, 퐁파두르의 일거수일투족을 비난해온 정적들은 그녀의 죽음에 입에 담지 못할 막말을 내뱉습니다. "그녀는 20년을 처녀로, 15년을 창녀, 그리고 7년을 뚜쟁이로 살았다"는 비난은 퐁파두르가 살아생전에 얼마나 살인적인 암투에 시달렸는지를 방증합니다.

퐁파두르 주변에는 따뜻한 지지자들 또한 적지 않았을 것입니다. 하지만, 그녀의 고통과 아픔을 진심을 다해 챙겨줄 주치의는 없었던 걸까요? 그녀의 죽음이 못내 아쉬워 부질없는 하소연으로 그녀를 보내드립니다.

*Hippocrates Gallery*

*10*

•

# 왜 살려내야만 하는가?

아이미 모로, 〈착한 사마리아인〉, 1880년, 캔버스에 유채, 268.5×198cm, 파리 시립 미술관(프티 팔레)

로버트 카파나 앙리 까르띠에 브레송 같은 매그넘 소속의 포토그래퍼가 찍은 사진이라 해도 믿을 만큼 실사에 가까운 그림입니다. 깡마른 두 남자의 행보가 매우 위태로워 보입니다. 금방이라도 쓰러질 것 같은 노쇠한 나귀에 엉덩이만 걸친 발가벗은 이 남자, 아예 의식을 잃은 것 같습니다. 그의 팔을 부축해 힘겨운 발걸음을 내딛는 남자의 상태도 그리 나아 보이지 않습니다. 피곤과 허기짐에 찌들어있지요. 과연 그들의 동행은 무사할까요?

이 그림은 프랑스 출신 화가 아이미 모로Aimé Morot, 1850~1913가 그린 〈착한 사마리아인〉입니다. 모로는 사실적인 묘사를 중시한 아카데미즘 화파의 화가답게 누가복음에 나오는 착한 사마리아인 이야기를 현실감 넘치게 그렸습니다. 여행길에서 도둑에게 모든 것을 빼앗기고 알몸만 남은 채 의식을 잃은 유대인은 곧 죽을지도 모릅니다. 그곳에서 마을까지는 제법 멀리 떨어져 있습니다. 사경을 헤매는 유대인을 들쳐 업고 호기롭게 길을 나섰다간 자칫 둘 다 잘못될 수도 있습니다. 자, 당신은 어떻게 하겠습니까?

## '착한'이란 형용사에 담긴 편견

•

착한 사마리아인 이야기는 깊은 울림을 담고 있습니다. 종교적인 메시지를 떠나 아주 긴 세월 동안 수많은 사람들에게서 회자되어 왔지요. 착한 사마리아인에서 제가 주목한 건 '착한'이라는 형용사입니다. 착하다…… 이야기에서 사마리아인이 착하다고 특정했는데, 그러면 사마리아인은 원래 착하지 않은 사람들인가 하는 의문이 듭니다. 대개 사마리아인은 악한 사람들인데 여기에 등장하는 사마리아인만 착하다는 건가요? 그래서 성경에 기록할 만큼 의미가 있었던 걸까요? 그 진위를 알려면 누가복음 10장 30절의 기록을 살펴봐야 할 듯 합니다.

어느 유대인 율법학자가, 내가 무엇을 해야 영원한 생명을 얻을 수 있겠냐며 예수에게 물었습니다. 예수는 그 율법학자의 율법에 어떻게 쓰여 있냐고 되물었습니다. 율법학자는 그 자리에서 율법의 내용을 암송했습니다. 하나님을 사랑하고 이웃을 사랑해야 한다고. 예수는 율법학자가 암송한 말을 긍정하면서 그러면 당신도 그렇게 하라고 일렀습니다. 그러자 율법학자는 누가 자신의 이웃이냐고 예수에게 물었습니다. 이때 예수는 즉답 대신 착한 사마리아인 비유를 듭니다.

어떤 유대인이 여행 중에 강도를 만나 폭행을 당하고 모든 것을 빼앗긴 채 알몸만 남게 됩니다. 유대교 랍비가 그 모습을 보고 그냥 지나쳐 버립니다. 율법에 정통하다는 레위인도 마찬가지로 모른 체 하고 가버리지요.

렘브란트 하르멘스 존 판 레인(Rembrandt Harmenszoon van Rijn, 1606~1669), 〈착한 사마리아인〉, 1633년경, 캔버스에 유채, 24.2×19.8cm, 월러스 컬렉션, 런던

사마리아인은 다행히도 죽어가는 유대인을 자신의 숙소까지 간신히 데려옵니다. 사마리아인은 주머니를 탈탈 털어 가지고 있는 돈 전부를 숙소의 주인장에게 건넨 뒤 일을 보고 돌아오는 길에 부족한 숙박비를 마련해 주겠노라고 약속합니다. 사마리아인의 행동이 대가를 바라지 않는 순수한 마음에서 나온 것임을 짐작게 하는 대목입니다. 렘브란트는 바로 그런 의로움을 그렸습니다.

그런데 마침 그곳을 지나가던 사마리아인이 그 모습을 보고 상처를 치료하고 자기 노새에 태워 숙소까지 데려가 돌봐 줍니다. 그리고는 약간의 돈을 내놓으면서 숙소 주인에게 그 유대인을 자신이 돌아올 때까지 돌봐 달라고 합니다. 비용이 더 들면 돌아와서 갚겠다는 말도 잊지 않습니다. 이야기를 들어 비유를 마친 예수는 율법학자에게 다시 묻습니다. 누가 진정한 이웃이냐고요. 율법학자는 사마리아인이 진정한 이웃이라고 말합니다. 그러자 예수는 율법학자 당신도 그렇게 하라고 이릅니다.

## 혁명적인 언사

●

성경만 읽어보면 사마리아인은 학식이 있는 레위인이나 유대인 랍비보다 훌륭한 인성을 지닌 게 틀림없습니다. 도덕적인 됨됨이란 지적 수준이나 인종, 민족과 무관한 것이지요. 그럼에도 예수가 '착한 사마리아인'을 비유로 든 건 당시 유대사회에 만연한 이민족에 대한 멸시와 편견을 지적한 것입니다. 유대사회에서는 사마리아인을 사악한 종족으로 여겼습니다. 사마리아인에 대한 혐오는 역사적으로 뿌리가 깊습니다.

기원전 722년 이스라엘이 아시리아인(Assyrian)에게 정복되었을 때로 거슬러 올라갑니다. 아시리아인은 수많은 유대인들을 죽이거나 추방했습니다. 또 그들이 정복한 지역의 이방인들을 불러들여 이스라엘에 살게 했지요. 이때 이방인이 유대인과 섞여 살면서 혼혈인을 낳기도 했고 또 유대인

빈센트 반 고흐(Vincent Willem van Gogh, 1853~1890), 〈착한 사마리아인〉, 1890년, 캔버스에 유채, 73×60cm, 크뢸러 뮐러 미술관, 오테를로(네덜란드)

이 그림은 빈센트 반 고흐가 평소 존경해온 화가 들라크루아의 〈착한 사마리아인〉을 오마주해 그린 것입니다. 고흐의 그림에서 특히 주목해야 할 부분은 왼쪽 상단과 하단에 보이는 유대인 랍비와 레위인 율법학자입니다. 두 사람은 당시의 지식인 사회를 대표하지만, 다 죽어가는 사람을 겨우 일으켜 세우는 사마리아인의 모습을 무시하고 발길을 재촉합니다.

의 신 뿐 아니라 이방인 자신의 신도 함께 섬겼지요. 이들을 이스라엘의 옛 수도인 사마리아의 이름을 따서 사마리아인이라 부르게 된 것이지요.

한편, 이스라엘 남쪽 바빌로니아에게 정복되어 끌려갔던 유대인은 고향으로 돌아와 예루살렘 성전과 성벽을 재건합니다. 그런데 사마리아인은 자기들도 이스라엘의 신을 섬기므로 재건된 성전에서 예배를 드릴 수 있다고 여겼지요. 하지만 유대인은 그것을 허락하지 않았습니다. 어쩔 수 없이 사마리아인은 별도로 신전을 세워 예배를 드립니다. 그런데 유대인 지배자가 기원전 128년에 사마리아인의 신전을 파괴하면서 분란이 커지고 맙니다. 유대인과 사마리아인, 이 두 민족은 결국 건널 수 없는 강을 건너게 되지요.

기원 후 예수의 시대에 접어들어서도 사마리아인과 유대인의 사이는 나아지지 않습니다. 예수가 살았던 지역은 북쪽의 갈릴리, 중앙의 사마리아, 남쪽의 유다로 나뉘어 있었는데요. 갈릴리에서 유다까지 가는 유대인은 사마리아인을 싫어한 탓에 사마리아 지역을 멀리 우회했을 정도였습니다. 심지어 유대인은 '사마리아'라는 얘기만 나와도 고개를 저으며 화를 내었습니다. 이런 시대적 분위기에서 사마리아인이 곤경에 빠진 유대인을 도왔다는 예수의 비유는 매우 파격적인 것이었습니다. 특히 유대인 랍비와 율법에 정통한 레위인조차 모른 체한 상황에서 사마리아인이 목숨을 걸고 다친 유대인을 구했다는 점이 더욱 충격적이었지요. 세례자 요한을 참수한 사악한 왕 헤롯을 유대인들이 더욱 경멸했던 이유는, 그가

미켈란젤로 메리시 다 카라바조(Michelangelo Merisi da Caravaggio, 1573~1610) ,
〈세례자 요한의 머리를 가져가는 살로메〉, 1610년경, 캔버스에 유채, 106×91cm,
내셔널 갤러리, 런던

왕비 헤로디아는 율법에 어긋나는 자신의 과거에 대해 이의를 제기한 요한(John the Baptist)이 눈에 가시 같은 존재였습니다. 왕비는 딸 살로메를 시켜 헤롯 왕을 사주해 요한을 참수형에 처합니다. 살로메는 요한의 머리를 접시에 담아 어디로 가져가는 걸까요? 카라바조는 마치 유대인의 시각에서 극악무도한 사마리아인을 그린 것 같습니다. 극사실주의 대표주자 카라바조의 그림은 늘 섬뜩합니다.

사마리아인 혈통을 지니고 있었기 때문이었습니다. 그런데, 사마리아인이 의로운 이웃일 수 있다는 예수의 비유는 유대인이 지녀온 고정관념을 한순간에 전복시키는 혁명적인 언사였지요.

## 법과 도덕 사이

•

예수가 비유한 착한 사마리아인 이야기는 21세기를 사는 우리의 삶에서도 빈번하게 일어나는 문제입니다. 사마리아인을 향한 유대인의 혐오는 지금의 인종주의와 학연·지연에서 비롯한 편견, 그리고 이념적 가치관이 다른 집단들 간의 반목 등 매우 다양한 모습으로 표출되고 있습니다. 뿐만 아니라 사마리아인의 선행이 도덕적 의무에서 그치는가 아니면 법적 책임으로까지 확장시켜야 하는가에 대한 논의도 끊임없이 이어지고 있습니다. '착한 사마리아인 법'에 관한 입법적 이슈가 여기에 해당합니다.

'착한 사마리아인 법'이란, 다른 사람의 생명이나 신체에 중대한 위험이 발생하고 있음을 보고도 구조에 나서지 않는 경우에 처벌하는 법 규정을 뜻합니다. 쉽게 말해서 도덕적인 의무를 법으로 규정하여 강제하는 것이지요. 대표적인 '착한 사마리아인 법'으로는 프랑스 형법이 있습니다. 프랑스 형법에는, 위험에 처해 있는 사람을 구해 주어도 자신에게 어떤 위해가 발생하지 않는데도 불구하고 구조에 나서지 않을 경우 처벌하는 조항이 있습니다(제63조). 하지만 이런 경우는 흔치 않습니다. 보통 법적

책임을 다하지 않으면 처벌을 받지만, 도덕적 의무를 하지 않았다고 해서 형벌을 내리지는 않지요. 이를테면 다친 유대인을 구해야 하는 것은 도덕적인 의무일 뿐이지 법적 책임이 따르지는 않습니다. 모든 도덕적 의무를 법으로 강요할 경우 인간의 자유의지를 심하게 해칠 수 있기 때문입니다. 법을 가리켜 최소한의 도덕이라고 하는 이유가 여기에 있습니다.

한편, 우리나라 형법은 어떤 태도를 취하고 있을까요? 우리 형법에도 누군가의 도움을 필요로 하는 자를 방치했을 때 처벌하는 규정이 있긴 합니다. 하지만, 우리 형법은 보호 받아야 할 사람을 보호할 법적인 의무가 있는 사람만 처벌하지요. 조금 어려운 법률용어로 부작위범(不作爲犯)이란 개념이 있습니다. 이것은 말 그대로 어떤 행위를 적극적으로 해야 하는데(작위), 이를 하지 않은 경우에(부작위) 성립하는 범죄입니다. 화재 현장에서 위험에 처한 피해자를 구할 수 있었음에도 불구하고 그렇게 하지 않은 소방관이 여기에 해당합니다. 범죄 현장에서 폭력범에게 잡혀 폭행을 당하고 있는 것을 보고도 이유 없이 이를 막지 않은 경찰관도 부작위범이 됩니다. 부모가 어린 자녀에게 밥을 주지 않아 죽음에 이르게 할 경우에도 처벌을 면할 수 없습니다. 부모에게는 법적으로 양육의 의무가 존재하기 때문입니다.

반면, 강변에 산책 나온 사람이 강에 빠져 허우적대는 사람을 발견하고도 모른 척했다고 해서 산책 나온 일반인을 처벌할 수는 없습니다. 심지어 강변에 구명조끼나 구명튜브가 있었지만 이것을 강에 빠진 사람에게

장 마르크 나티에르(Jean-Marc Nattier, 1685~1766), 〈부정을 처단하는 정의의 여신〉, 1737년, 캔버스에 유채, 133×161cm, 개인 소장

정의의 여신이 부정을 저지른 남자를

제압해 처단하고 있습니다.

부정을 저지른 남자의 반항도 거세보이지만

이에 아랑곳하지 않고 여신의 표정은 단호합니다.

'정의'와 '법'은 동의어로 읽힙니다.

그렇지만 모든 법이 다 정의로운 것은 아닙니다.

악법은 언제 어디서나 존재해왔기 때문이지요.

'정의란 이름의 법'이 때로는 부당한 결과를

초래하기도 합니다.

'착한 사마리아인 법'은 정의로운 법일까요,

아니면 인권을 해칠 우려가 있는 지나친 법일까요?

2000년 전 예수가 인류에게 던진 질문은

결코 가볍지 않습니다.

던져주지 않았다고 해도 마찬가지입니다. 적극적으로 구조에 나서지 않은 사람을 도덕적으로 비난할 수는 있지만, 법적으로 처벌할 수는 없지요. 산책 나온 일반인에게는 위험에 처한 사람을 구해야 할 법적인 의무가 없기 때문입니다. 하지만 이 경우에 프랑스 형법에서 규정하는 '착한 사마리아인 법'을 적용할 경우, 산책 나온 일반인은 법적인 책임을 추궁당해 처벌 받을 수도 있게 됩니다.

## 선악으로 따질 수 없는 가치

●

'착한 사마리아인 법'은 의료계에서도 자주 이슈가 되곤 합니다. 의사는 환자를 치료해야 할 법적인 의무가 있는 사람이기 때문입니다. 실제로 우리나라의 '응급의료에 관한 법률'(이하 '응급의료법')에는 '착한 사마리아인 법'에 가까운 조항이 존재합니다. 이 법의 해당 조항을 살펴보면, 응급의료 종사자가 업무수행 중이 아닌 때에 한 응급처치인 경우 응급의료 또는 응급처치를 제공하여 발생한 재산상 손해와 사상(死傷)에 대하여 고의 또는 중대한 과실이 없는 경우 그 행위자는 민사책임과 상해에 대한 형사책임을 지지 아니하며, 사망에 대한 형사책임은 감면한다고 규정하고 있습니다. 해당 법 규정을 읽어보면 아무 문제가 없어 보입니다. 그런데 이 규정만으로는 의료현장에서 벌어지는 다양한 의료사고를 현실적으로 해결할 수 없는 경우가 참 많습니다. 지난 2018년에 벌어진 사고가 대표적인 예입니다.

어떤 한의원에서 봉침시술을 받던 환자가 갑자기 쇼크를 일으켰습니다. 벌독으로 인해 알레르기 반응이 몸 전체에 급격하게 일어나는 아나필락시스(anaphylaxis) 쇼크였습니다. 한의원 근처에 있는 개원의 가정의학과 의사가 선의로 응급처치를 했지만 이 환자는 심정지로 사망하고 맙니다. 그런데 환자 유가족은 한의사와 함께 응급처치를 한 가정의학과 의사에게까지 거액의 손해배상 청구소송을 제기합니다. 환자가 의식을 잃은 곳에 온 이상, 의사는 적정시간 내에 응급처치를 했어야 한다는 것이 유가족의 주장입니다. 여러분 생각은 어떠신가요?

바로 응급의료법에 규정된 "사망에 대한 형사책임은 감면한다"는 문구가 문제된 것입니다. 환자가 사망할 경우 형사책임만 감면될 뿐 민사책임은 져야 한다는 것이지요. 해당 사건의 의사 입장에서는 억울할 수밖에 없습니다. 의사 입장에서는 죽어가는 환자를 보고 자신에게 진료 받으러 온 환자가 아니라고 거부할 수도 없는 노릇이었을 것입니다. 하지만 결과는 불행했고, 그에 대한 법적인 책임을 져야 하는 상황에 놓인 겁니다.

의사의 법적 의무 문제는 안락사(安樂死)와 관련해서도 적지 않게 등장합니다. 안락사란, 불치의 병으로 극심한 고통을 겪고 있는 환자 본인 또는 그 가족의 요청에 따라 고통을 덜어주려는 목적으로 인위적으로 죽음을 앞당기거나 생명 유지에 필요한 영양 공급 혹은 약물 투여 등을 중단함으로써 생명을 단축하는 행위를 말합니다. 안락사(euthanasia)는, 고대 그리스어의 '에우타나토스(Euthanatos)'에서 유래한 말로, '좋다'는 의미의

야체크 말체프스키(Jacek Malczewski, 1854~1929), 〈타나토스〉, 1899년,
캔버스에 유채, 240×45cm, 폴란드 국립 중앙 박물관, 바르샤바

폴란드를 대표하는 화가 야체크 말체프스키는 죽음에 대한 의식과 본능을 주제로 여러 점의 그림을 그렸습니다. 그의 작품에는 그리스 신화에 나오는 죽음의 신 '타나토스(Tanatos)'가 등장합니다. 낫을 든 여인 '타나토스'는 창가에 기댄 노인의 '죽고 싶은 본능'을 의인화한 형상입니다. 정신분석학자 지그문트 프로이트는 '죽고 싶은 본능'을 가리켜 '자기 자신을 생명이 없는 무기질로 환원하고자 하는 욕구'로 설명했습니다.

'에우(eu)'와 '죽음'을 뜻하는 '타나토스(thanatos)'의 조어입니다. 영어로는 'mercy killing', 즉 '자비로운 살인'으로 이해되기도 합니다.

안락사에는 자연의 사기(死期)를 앞당기지 않는 '소극적 안락사'와 자연의 사기를 앞당기는 '적극적 안락사'로 나뉩니다. 여기서 '소극적 안락사'는 주로 존엄사(尊嚴死)로 이해되는데요. 우리 법에는, 회생 가능성이 없는 환자가 자기의 결정이나 가족의 동의로 연명치료를 받지 않을 수 있도록 하는 '연명치료결정법'이 2018년부터 시행에 들어갔습니다. 문제가 되는 것은 '적극적 안락사'입니다. 적극적 안락사는 종교와 도덕은 물론 법적으로도 논란이 이어지고 있습니다.

외국의 경우를 살펴보면, 1994년경 네덜란드에서는 한 정신과 의사가 심한 우울증으로 시달리던 환자에게 다량의 수면제를 처방해 자살을 방조한 혐의로 기소된 예가 있습니다. 당시 대법원에서는 의사의 유죄를 인정했지만 형벌까지는 선고하지 않았습니다. 이후 네덜란드는 2001년경 안락사를 합법화했습니다. 미국의 경우는 주(州)마다 법률이 다른데요. 안락사를 금지하는 주가 있는 반면, 오리건주는 제한적으로 안락사를 허용하고 있습니다. 한편, 로마 교황청은 1995년에 안락사에 대해서 하나님의 율법에 대한 중대한 위반행위라는 공식적인 입장을 밝힌 바 있습니다.

의학은, '왜 죽어야만 했는가?'라는 삶의 근원적인 질문에서 출발합니다. 저는 여기에 질문 하나를 추가하고 싶습니다. '왜 살려내야만 하는

가?!' 이 질문에 대한 대답은 분명합니다. 누구나 자연이 허락한 시간동안 살 수 있어야 하기 때문이지요. 태어난 이상 일단 살고 봐야 하고, 그래서 살려내야 하며, 결국 살아내야 합니다. 생명은 선악의 문제로 따질 수 있는 가치가 아니지요. 길 위의 사마리아인이 그랬듯이 말입니다. 아무리 사는 게 힘겹더라도 생명이 남아있는 한 이겨낼 것입니다. 당신의 생명을, 존경합니다.

*Hippocrates Gallery*

*11*

•

# '닥터 러브'라 불린 남자

THE MAN IN THE RED COAT
JULIAN BARNES
MAN BOOKER PRIZE-WINNING AUTHOR OF
THE SENSE OF AN ENDING
THE MAN IN THE RED COAT
JULIAN BARNES

얼마 전 우연히 「뉴욕타임스」 신간소개란에서 인상적인 책 표지를 본 적이 있습니다. 줄리안 반스Julian Barnes라는 영국 작가가 발표한 소설입니다. 『The Man in the Red Coat』라는 책 제목과 표지만 봐서는 꼭 스릴러물 같습니다. 줄리안 반스는 맨부커상을 수상한 세계적인 작가로, 국내에도 그의 여러 작품이 번역 출간되었습니다. 저에게는 그의 소설들보다는 미술 에세이 『Keeping an Eye Open』(국내 출간명 : 줄리안 반스의 아주 사적인 미술산책)으로 친숙합니다. 소설가답게 화가와 그림에 대한 해석이 마치 한편의 픽션을 읽는 것처럼 매우 서사적이지요. 그림에 대한 반스의 안목은 미술평론가를 방불케 합니다.

반스의 신간 『The Man in the Red Coat』가 제 눈을 잡아끌었던 건 표지를 장식한 그림 때문입니다. 빨간 외투 속에 사람이 없습니다. 반스는 이 책에서 투명인간에 관한 이야기를 다룬 걸까요? 표지만 봐도 미스터리한 이 책의 주인공이 어떤 인물인지 궁금합니다.

## 화가들이 흠모했던 남자

•

책 내용에 관한 직접적인 이야기는 하지 않는 게 좋겠습니다. 이 책이 국내에 출간되기도 전에 자칫 스포일러가 될 수도 있으니까요. 저는 그저 책 표지로 사용한 초상화와 모델, 그리고 그의 연인들에 대한 이야기를 하려는 것뿐이지만, 아무튼 글의 시작에 앞서 국내에 계신 줄리안 반스의 애독자 분들께 양해를 구하고 싶습니다.

오른쪽 그림은 책 표지에 사용된 이미지의 원작입니다. 존 싱어 사전트John Singer Sargent, 1856~1925가 그린 〈집에서의 닥터 포지〉라는 그림입니다. 제목에 붙은 '닥터'라는 말에서 알 수 있듯이 그림 속 모델은 뜻밖에도(!) 의사입니다. 사무엘 장 포지Samuel Jean Pozzi, 1846~1918라는 프랑스인으로, 부인과와 외과를 담당했습니다. 하지만 그림만 보면 모델의 외모와 의사라는 직업이 잘 매칭되지 않습니다. 얼굴부터가 대단한 미남이고 수염도 멋스러워 배우라고 해도 믿겠습니다. 또 기품 있는 제스처나 고급스런 패션을 보면 돈 많은 귀족 같기도 합니다. 지금도 크게 다르지 않지만 19세기 유럽에서의 의사라고 하면 과중한 진료와 수술에 찌든 모습을 떠올리는 게 보통이지요. 그런데 그림 속 닥터 포지는 의사라는 직업적인 정체성을 징표하는 흰 가운도 입지 않았습니다. 심지어 그가 입은 옷은 붉은색 가운입니다. 병원에서 항상 보는 게 혈액이라서 그런지 저는 붉은색 계열의 옷을 입는 게 주저되는 데, 닥터 포지는 그렇지 않은가 봅니다. 그가 있는 곳도 부산한 진료실이 아니라 집에서 한가하게 그림의 모델을 서고 있습니다.

존 싱어 사전트, 〈집에서의 닥터 포지〉, 1881년, 캔버스에 유채, 201.6×102.2cm, 해머 미술관, 로스앤젤레스

아무나 쉽게 소화할 수 없는 붉은색 가운을 입고 자신의 초상화를 그리게 한 이 남자, 예사로워 보이지 않습니다. 그림 속 외모에서 짐작되듯이 닥터 포지는 19세기 프랑스 사교계에서 이름난 멋쟁이이자 바람둥이입니다. 그는 당대의 사랑꾼답게 '닥터 러브(Dr. Love)'라는 닉네임으로 불리기도 했습니다. 심지어 '장미의 리그(League of Roses)'라는 살롱(모임)을 만들어 사교계의 많은 여성들과 교류했지요.

닥터 포지의 자유분방함은 그의 출생과 성장 배경에서 비롯합니다. 신교도 목사의 아들로 태어난 포지는 어려서부터 개방적인 가정환경에서 자랐습니다. 프랑스는 종교개혁의 열풍 속에서도 가톨릭의 위세가 굳건해 여전히 신교도를 탄압했지만, 포지의 가정은 다행히도 화를 면했던 모양입니다. 포지는 비교적 늦은 나이에 대학에서 의학을 공부했는데, 이때도 잘생긴 외모와 치명적인(!) 매력으로 주변에서 '사이렌(siren : 그리스 신화에 등장하는 인어)'이라 불릴 정도로 인기가 많았습니다.

그는 학교 졸업 후 의사가 되면서 본격적으로 사교계에 뛰어듭니다. 숱한 여성들과 염문을 뿌리지요. 흥미로운 것은 수려한 미모 덕분에 여성들뿐 아니라 화가들도 닥터 포지를 좋아했다는 사실입니다. 그만한 모델이 없었던 거지요. 앞에서 소개한 그림 〈집에서의 닥터 포지〉를 그린 사전트도 닥터 포지와 매우 가까웠던 화가였습니다.

사전트는 19세기 말 유럽에서 최고의 초상화가 중 한 사람이었습니다. 모델의 아름다움을 돋보이게 그리는 재주가 탁월했지요. 사전트는 이탈리아 피렌체에서 태어나 예술의 메카인 프랑스 파리의 최고 미술학교인 에콜 데 보자르(École des Beaux-Arts)에서 수학한 유럽인이지만, 그의 부모는 미국인입니다. 어머니는 사전트가 태어나기 전에 어린 딸을 병으로 잃고 극심한 우울증에 빠집니다. 안과의사인 아버지는 그런 어머니를 위해 미국에서의 생업을 접고 유럽 각지를 여행합니다. 여행 중에 한동안 머물렀던 피렌체에서 사전트를 낳은 거지요. 사전트는 유년기부터 아마추어 화가인 어머니의 영향으로 유럽 각지의 미술관을 순례하며 자연스럽게 화가로서의 소양을 갖춥니다. 그러던 중 당시 명망 높은 초상화가 에밀 오귀스트 카롤루스 뒤랑Emile Auguste Carolus Duran, 1838~1917의 수제자가 되면서 초상화가의 길을 가게 되지요.

〈집에서의 닥터 포지〉는 사전트가 특별히 심혈을 기울여 완성한 초상화입니다. 사전트는 닥터 포지에게 이 그림을 파리 살롱전에 출품하자고 제안합니다. 그만큼 그림의 완성도에 자신이 있었던 거지요. 하지만 닥터 포지는 일언지하에 거절합니다. 보수적인 살롱전에서 바람둥이 의사의 초상화를 곱잖게 볼 게 빤하다고 생각한 거지요. 뿐 만 아니라 의사가 새빨간 실내가운을 입고 있는 것도 마음에 걸렸습니다. 그로부터 3년 후 사전트는 〈마담X〉라는 초상화를 살롱전에 출품했다가 엄청난 혹평을 받습니다. 닥터 포지가 선견지명이 있었던 셈인가요? 그런데 마담X는 도대체 누구인 걸까요? 또 이 그림에 어떤 일이 벌어진 걸까요?

## 시체 같다는 혹평

•

〈마담X〉는 사전트에게 실패와 성공을 함께 가져다 준 작품입니다. 이 그림의 모델은 비르지니 아멜리 아베뇨 고트로Virginie Amélie Avegno Gautreau, 1859~1915라는 매우 긴 이름을 지닌 여인으로, 돈 많은 은행가의 아내입니다. 아름다운 미모로 파리의 사교계에서 '마담 고트로'로 불리며 유명세를 누렸지요. 살롱전 출품을 목표로 빼어난 미모의 모델을 찾던 사전트에게 마담 고트로는 닥터 포지만큼 매력적이었습니다. 사전트의 아틀리에에서 우연히 본 닥터 포지의 초상화에 마음을 빼앗겼던 마담 고트로는, 그 못지않은 훌륭한 초상화를 그려주겠다는 사전트의 제안을 거절할 이유가 없었습니다.

그런데, 사전트와 마담 고트로 이 두 사람만 결과를 예상하지 못했던 걸까요? 마담 고트로의 초상화가 살롱전에 출품되자마자 온갖 혹평이 쏟아집니다. 명망 있는 은행가의 아내가 가슴이 깊게 패인 드레스를 입고 있는 모습이 뭔가 부도덕해 보인다는 거지요. 그녀의 지나치게 창백한 피부도 지적을 받습니다. 마치 시체와 다르지 않다나요. 사전트의 초상화를 통해서 자신의 아름다움을 예술적으로 평가받고 싶었던 여인의 꿈은 산산조각나 버립니다. 이 그림의 가장 치명적인 부분은 사전트가 마담 고트로의 드레스 오른쪽 어깨걸이를 반쯤 흘러내리게 그린 것입니다. 그 모습이 매춘부와 다를 건 뭐냐는 평단의 질타가 쏟아집니다. 그림에 예술성은 눈을 씻고 찾아봐도 없고 온통 관심을 끌기 위한 선정성만 난무하다는 겁니다. 이쯤 되면 사전트는 프랑스 화단에서 더 이상 발붙이기 힘들어 보입니

존 싱어 사전트, 〈마담X〉, 1884년, 캔버스에 유채, 208.6×109.9cm, 메트로폴리탄 미술관, 뉴욕

존 싱어 사전트, 〈마담X의 습작〉, 1884년, 캔버스에 유채, 206.4×107.9cm, 테이트 브리튼, 런던 (사전트는 〈마담X〉의 습작에서는 오른쪽 어깨끈을 아예 그리지 않았다.)

다. 사전트는 살롱전에 출품한 마담 고트로의 초상화를 자신의 아틀리에로 가져옵니다. 그리고 도망하다시피 파리를 떠나 영국 런던으로 향합니다. 마담 고트로도 마찬가지 신세입니다. 사교계는커녕 파리 거리에서조차 얼굴을 들고 다닐 수 없게 되지요. 그녀도 한동안 파리를 떠나 인적이 드문 휴양지에 머무릅니다.

그런데 프랑스를 떠나 절치부심 재기를 노리던 사전트에게 반전이 일어납니다. 영국과 미국에서 그의 그림들이 큰 인기를 누리게 되지요. 특히 영국에서 〈실내에서의 닥터 포지〉에 대한 반응이 뜨거웠습니다. 이 그림은 이미 1882년부터 런던의 왕립 미술관에서 '초상화(a Portrait)'라는 제목으로 출품되어 호평을 받았고, 1884년 덴마크 브뤼셀에서 개최된 '20인전(Les XX)'에도 초청받아 전시됩니다. 그로부터 얼마 지나지 않아 마담 고트로의 초상화도 재평가를 받게 됩니다. 〈실내에서의 닥터 포지〉와 〈마담X〉는 '한 신사의 초상(a Portrait of a Gentleman)'이란 타이틀로 런던 왕립 미술관에 나란히 전시되어 대중들로부터 엄청난 호응을 얻게 됩니다. 그리고 사전트에게는 유럽과 미국의 부자들로부터 초상화 의뢰가 물밀 듯이 들어옵니다. 사전트가 그토록 열망했던 성공한 예술가의 길이 활짝 열리게 된 겁니다.

〈마담X〉와 관련하여 매우 흥미로운 사실이 하나 더 있습니다. 사전트는 〈마담X〉에서 특히 논란이 됐던 드레스의 오른쪽 어깨끈을 수정해 어깨 위로 올려 그립니다. 그리고 20여 년 동안 자신의 아틀리에에 계속 소장하고 있다가 1916년 뉴욕 메트로폴리탄 미술관에 이 그림을 팝니다. 초상화 속 모델의 이름을 밝히지 말라는 단서와 함께 말이지요. 사전트의 마담 고트로를 향한 미안한 마음과 존중심이 느껴집니다. 이 그림의 제목이 〈마담X〉가 된 이유입니다.

〈마담X〉가 있는 사전트의 아틀리에

마담 고트로의 드레스 오른쪽 어깨끈을 수정해 올린 그림이 사전트의 아틀리에에 있습니다. 훗날 그는, "이 그림이야말로 내가 그린 수천 점의 작품 중 최고"라고 회고합니다. 마담 고트로를 향한 사전트의 미안한 마음과 존중심이 진심으로 느껴지는 순간입니다.

## 예술가의 운명을 바꾼 포스터 한 장

●

닥터 포지, 아니 '닥터 러브'의 여성편력이 심하다는 얘기는 앞에서 말씀드렸습니다. 닥터 포지는 1879년 철도회사의 상속녀인 테레사 로스 카잘리스와 결혼해 세 명의 자녀를 두지만, 결혼생활은 순탄하지 못했습니다. 닥터 포지의 주변에는 여성들이 끊이질 않았지요. 그와 염문을 뿌린 여성들은 대부분 셀러브리티(celebrity)였습니다. 최고의 소프라노 가수 조르제트 르블랑, 여배우 가브리엘 레자네, 〈카르멘〉을 작곡한 비제의 미망인 제네비에브 알레비 등이 그의 곁에 있었지요. 하지만 닥터 포지가 특별하게 여겼던 여성은 엠마 세델마이어 피슈호프라는 미술중개인이라고 합니다. 닥터 포지는 피슈호프와 결혼하고 싶어 아내 테레사에게 이혼을 요구했지만 받아들여지지 않았다는군요.

닥터 포지와 사귀었던 여성 중 제가 주목하는 인물은 당대 최고 배우 사라 베르나르Sarah Bernhardt, 1844~1923입니다. 알렉상드르 뒤마의 〈동백아가씨〉, 빅토르 위고의 〈뤼이 블라스〉, 남장(男裝)으로 분해 무대에 오른 셰익스피어의 〈햄릿〉 등 사라가 불꽃연기한 작품들은 헤아릴 수 없을 정도입니다. 그녀는 닥터 포지에게 난소물혹 제거 수술을 받으면서 가까워졌는데요. 닥터 포지와 연인관계를 끝낸 이후에도 평생 우정을 나눌 정도로 신뢰가 깊었습니다. 사라는 남미 공연에서 다친 다리가 회복되지 않아 평생을 힘들어했습니다. 결국 괴사가 진행되어 다리를 절제해야만 하는 불행한 상황에 놓이지요. 이때 사라가 특별히 부탁한 집도의도 닥터 포지였습니다.

| 조르주 쥘 빅토르 클래랭, 〈사라 베르나르〉, 1876년, 캔버스에 유채, 250×200cm, 파리 시립 미술관(프티 팔레)

Clairin.
1876

그만큼 사라는 닥터 포지를 친구 뿐 아니라 의사로서도 믿고 의지했던 모양입니다.

아무튼 제가 닥터 포지의 수많은 셀럽 여성들 중 사라를 주목한 이유는 그림들 때문입니다. 당대 최고 배우였기에 그녀를 모델로 초상화를 그린 화가들이 참 많았습니다. 사라의 초상화만으로 한 권의 화보집이 나올 정도로 많은 화가들이 그녀를 그렸지요. 그 가운데 제가 가장 좋아하는 그림은 조르주 쥘 빅토르 클래랭Georges Jules Victor Clairin, 1843~1919이 그린 초상화입니다(229쪽). 화려한 소파에 허리를 비틀어 비스듬히 기대 누운 모습을 보면 그녀가 왜 최고의 배우인지 알 수 있습니다. 그림이 마치 무대 위에서 연기하는 배우의 스틸사진 같습니다. 사라의 메이크업과 패션도 그냥 지나칠 수 없습니다. 그녀는 옷깃과 소매에 레이스와 모피가 풍성하게 장식된 흰색 새틴 드레스를 입고 있습니다. 연출을 위해 일부러 들고 있는 흰색 타조 깃털 부채가 순백의 드레스와 조화를 이룹니다. 바닥에 늘어트린 드레스의 모피자락 옆으로 털이 복실한 멋진 개 한 마리가 엎드려 있습니다. 그렇게 화가 클래랭은 사라의 얼굴에서 개의 꼬리까지 우아한 'C'자형 구도를 완성합니다.

사라 베르나르를 통해 하루아침에 유명해지면서 인생역전한 화가도 있습니다. 아르누보 미술의 대가 알폰스 무하Alphonse Maria Mucha, 1860~1939입니다. 1894년 겨울 사라가 출연하기로 한 연극 〈지스몽다(Gismonda)〉의 포스터 제작이 난항에 부닥칩니다. 포스터 시안들이 까다롭기로 소문난 사라의 마음에 들지 않은 겁니다. 이제 파리의 포스터 일러스트레이터들 어느 누구도 더 이상 〈지스몽다〉의 포스터를 그리려 하지 않습니다. 공교롭게도 크리스마스이브에 벌어진 일입니다. 모두 성탄절 휴가를 가기에 바빴지요. 새해 첫날 공연이 시작되는데 포스터 없이 모객을 어떻게 할지 연극제작자는 눈앞이 캄캄합니다. 연극제작자가 크리스마스 연휴에 혼자 텅 빈 작업실에서 언 손을 비비고 있던 무하를 소개받게 된 건 '신의 뜻'이었던 게 분명합니다. 무하의 유니크한 포스터는 단박에 사라의 마음을 사로잡습니다. 드디어 1895년 새해 첫날이 밝았고, 파리 시내 곳곳에 무하의 포스터가 걸립니다. 무하의 손끝에서 변신한 최고의 배우 사라의 모습은 마치 비잔틴제국의 여제 같습니다. 배우의 전신을 보여주는 오버사이즈의 긴 포스터도 당시로서는 꽤 파격

알폰스 무하, 〈지스몽다 포스터〉, 1894년, 컬러 석판화, 216×74.2cm, 르네상스 극장, 파리

적인 시도였습니다. 반응은 한마디로 폭발적이었습니다. 무하의 포스터를 본 사라의 팬들은 열광했고, 〈지스몽다〉는 연일 매진사례를 기록합니다. 사라의 다음 공연인 〈동백아가씨〉의 포스터 디자인도 당연히 무하에게 돌아갑니다. 유럽의 미술계에 '알폰스 무하'라는 새로운 스타가 탄생하는 순간입니다.

## 의사의 손

•

닥터 포지를 소개하는 글에서 너무 주변 사람들 얘기만 한 건 아닌지 모르겠습니다. 늘 하고 싶은 얘기가 많은 탓에 글을 쓸 때마다 겪는 딜레마이지요. 고백하건대 제 글의 부족함의 소치입니다. 아무쪼록 독자 여러분께 다시 한 번 너그러운 양해를 구할 따름입니다.

자, 다시 닥터 포지 이야기로 돌아오겠습니다. 예술계에서 기억하는 닥터 포지는 화려한 여성편력이 주를 이룹니다. 하지만 포지를 바람둥이로만 기억하는 건 애석한 일입니다. 그렇습니다. 의학계에서 기억하는 닥터 포지는 매우 유능한 의사였습니다. 그는 외과와 부인과에서 훌륭한 논문들을 여럿 남깁니다. 닥터 포지는 자궁근종제거에 관한 논문을 써 정식 교수가 되는데, 이후 그가 집필한 저서는 20세기 전반까지 전 세계 의과대학에서 교과서로 읽힐 만큼 주목을 끌었습니다. 의학계에서 부인과의 권위자로 닥터 포지를 기억하는 이유입니다. 특히 그가 처음 개발한 부인

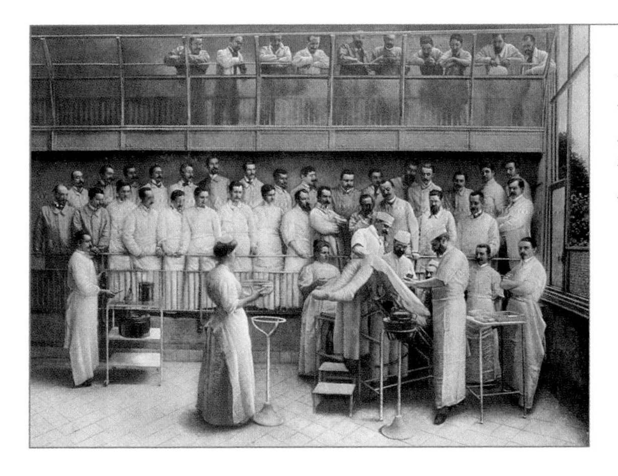

1901년 파리 브로카 병원에서 복강경수술을 하는 장면을 그린 일러스트. 환자의 오른쪽에서 수술을 집도하고 있는 사람이 닥터 포지이다.

과용 몇몇 의료기구들은 지금까지 사용될 정도로 탁월하지요. 수술에 있어서도 닥터 포지는 현대 의학사에서 괄목할 만한 성과를 냅니다. 복부절개수술에서 명성이 자자했고, 1889년에는 프랑스 최초로 위소장연결수술을 성공하기도 합니다. 1913년에는 의사 출신 언론인인 조르주 클레망소(훗날 프랑스 총리와 대통령 역임)와 함께 이식수술학회를 창립해 후진 양성에도 앞장섭니다.

닥터 포지의 학문적 소양과 의료인으로서의 자질은 그의 훌륭한 스승들에게서 비롯했다고 해도 과언이 아닐 것입니다. 닥터 포지가 의과대학 시절 큰 영향을 받은 의학자로 피에르 폴 브로카Pierre Paul Broca, 1824~1880가 있습니다. 외과의사인 브로카는 신경학과 해부학에도 능통했습니다. 또 의학을 넘어 인류학에도 매우 조예가 깊었지요. 스승 브로카의 영향으로 닥터 포지 역시 인류학을 비롯해 미학과 문학 등 다방면에 걸쳐 교양을 쌓을 수 있었습니다. 닥터 포지는 훗날 프랑스 인류학회의 회장까지 역임하는 등 의료계를 넘어 왕성한 활동을 펼칩니다.

닥터 포지가 브로카만큼 존경했던 의학자는 조지프 리스터Joseph Lister, 1827~1912라는 영국 의사입니다. 스승 브로카가 세운 브로카병원의 외과과장으로 재직 중이던 포지는 틈만 나면 리스터를 찾아가 그가 개발한 무균수술법을 배우며 학문적으로 교류했습니다. 리스터는 마취제 사용과 함께 외과 수술의 2대 혁명이라 불리는 무균수술법을 창시한 장본인입니다. 이 공로로 빅토리아 여왕으로부터 의사로서는 최초로 남작 지위를 받게 되지요.

토머스 브록(Thomas Brock, 1847~1922), 〈조지프 리스터 남작〉, 대리석, 높이 74.9cm, 내셔널 포트레이트 갤러리, 런던

리스터와 관련하여 흥미로운 이야기 하나 더 말씀 드리겠습니다. 19세기 중엽까지 의사들은 일상복 차림으로 수술방에 들어갔습니다. 옷에 피와 고름이 묻은 채 다른 환자를 진료하는 데 아무 거리낌이 없었지요. 지금은 상상할 수 없는 일이지만 당시로서는 병원에서조차 위생에 대한 생각이 매우 낙후됐던 게 사실입니다. 이런 이유로 수술이 잘 되었어도 수술 후 환부에 감염이 일어나 사망하는 사례가 적지 않았습니다. 여기에 종지부를 찍은 인물이 바로 리스터입니다. 리스터는 무균수술법을 주

창하면서 의료진의 위생을 매우 중요하게 강조했습니다. 그 일환으로 의사들에게 처음으로 흰 가운을 입힌 것도 그의 아이디어였습니다. 어쩌면 사전트가 붉은색 가운을 입은 자신의 초상화를 살롱전에 출품하는 것을 극구 거절했던 이유가 여기에 있는지도 모르겠습니다. 혹여나 이 그림이 리스터의 생각에 반대되는 것으로 비춰질 것을 우려했던 건 아닐까요? 아무리 병원 밖에서 입는 실내복이라지만 붉은색의 가운을 입은 의사의 초상화는 논란을 일으킬 만 하지요.

닥터 포지의 사회적 행보도 소개하지 않을 수 없습니다. 그가 활동했던 19세기 말 프랑스 사회는 보불전쟁과 민족주의, 반유대주의와 톨레랑스가 뒤섞여 매우 혼란스러운 시기를 보내고 있었습니다. 1894년에 터진 드레퓌스 사건은 흔들리는 프랑스 사회의 민낯을 보여줍니다. 당시 프루스트, 몽테스키외 등 진보 지식인들과 교류했던 닥터 포지는 수구 기득권 세력에 맞서 드레퓌스를 지지합니다. 드레퓌스가 반대 세력으로부터 총격 테러를 당했을 때 위험을 무릅쓰고 구한 사람이 바로 닥터 포지입니다. 훗날 닥터 포지는 고향에서 상원의원에 당선되어 잠시 정치인의 길을 걷기도 합니다.

1918년 어느 날 닥터 포지는 어처구니없는 죽음에 직면하고 맙니다. 모리스 마추라는 자신의 환자에게 총격을 당하지요. 마추는 포지가 죽기 4년 전에 음낭의 정맥류 수술을 집도 받았던 환자입니다. 자신의 수술이 잘못되어 발기부전이 일어났다고 낙담하던 마추는 포지에게 재수술을 요구합니다. 하지만 재수술로 나아지지 않을 거라 판단한 포지는 마추의 요구를 거절하지요. 이에 격분한 마추가 포지를 향해 네 발의 총탄을 발사합니다. 그리고 자신도 자살합니다. 의사가 자신의 환자에게 살해를 당하다니요. 의사로서 이보다 더 황망한 죽음이 또 있을까요?

사전트가 그린 포지의 초상화를 다시 봅니다. 이 그림을 보는 많은 사람들이 닥터 포지가 입고 있는 붉은색 가운과 수려한 외모에 주목할 때 저는 그의 두 손을 바라봅니다. 의사에게 가장 소중한 의료기기는 바로 자신의 손이지요. 오른 손은 심장에, 왼손은 가운의 허리끈에 닿아 있습니다. 남자로서 흔치 않게 길고 가녀린 손입니다. 붉은색 가운 탓일까요, 그의 손은 유난히 창백하고 또 냉정해 보입니다. 그의 손만 봐서는 '닥터 러브'라는 닉네임이 어색합니다. 그렇습니다. 그의 손은 '닥터 포지'의 손입니다. 의사의 손이지요. 그 손끝에서 수많은 사람들의 생과 사가 엇갈렸을 거라 생각하니 제 머릿속이 복잡해집니다. 그리고 의사로 살아가는 저의 손이 짊어져야 할 무게도 함께 느껴봅니다.

*Hippocrates Gallery*

*12*

•

# 일산화탄소에 산화한 어느 지식인의 초상

앙리 드 그루, 〈군중에 휩싸인 졸라〉, 1898년,
캔버스에 유채, 81×109.5cm, 개인 소장

한 남자가 분노한 군중들에게 휩싸여 있습니다. 그를 향해 퍼붓는 군중들의 비난과 저주가 캔버스를 뚫고나와 제 귀를 때릴 것만 같습니다. 군중들 중에는 긴 막대기를 들고 남자를 내리치려는 이들도 보입니다. 사람들의 눈은 살기가 느껴질 정도로 광기에 차 있습니다. 몇몇 사람이 그 남자 곁에서 방어하려고 애를 쓰지만 소용없어 보입니다. 한마디로 아비규환(阿鼻叫喚)이 따로 없습니다. 이 그림은 벨기에 출신 화가 앙리 드 그루 Henry de Groux, 1866~1930가 그린 〈군중에 휩싸인 졸라〉입니다. 그렇습니다. 절체절명의 순간에 놓인 이 남자는 19세기 프랑스 대문호 에밀 졸라 Emile Zola, 1840~1902입니다. 『목로주점』으로 프랑스 자연주의 문학을 연 그는, 『제르미날』 『진실』 『테레즈 라캥』 등 수많은 걸작들을 남겼지요. 그런데 이 저명한 소설가가 성난 군중에 휩싸여 안위가 위태로워 보입니다. 화가 그루는 어떤 의도에서 이 그림을 그린 걸까요?

## 부러진 톨레랑스

•

여러분은 혹시 앨프레드 드레퓌스Alfred Dreyfus, 1859~1935라는 이름을 들어보셨나요? 맞습니다. '드레퓌스 재판'으로 유명한 인물이지요. 드레퓌스 재판은 프랑스 사회가 금과옥조(金科玉條)처럼 여겼던 톨레랑스(tolerance, 관용의 정신)의 민낯이 전 세계에 드러난 사건입니다. 톨레랑스는 16세기 종교개혁이 한창이던 시대에 프랑스 왕인 앙리 4세가 신교를 허용하는 내용의 낭트칙령을 반포하면서 등장합니다. 자기와 다른 신앙이나 사상 등을 지닌 타인을 인정하는 태도를 가리키는 톨레랑스는, 프랑스 사회를 떠받치는 근간이 되어왔지요. 하지만 역사를 되짚어보면 톨레랑스가 공허한 메아리에 지나지 않았던 순간들이 적지 않았습니다. 톨레랑스는 19세기 말 터진 드레퓌스 사건으로 인해 그 위선의 가면이 벗겨집니다. 그 중심에 에밀 졸라가 있었습니다. 앞쪽에 있는 그루의 작품 〈군중에 휩싸인 졸라〉는 바로 드레퓌스 사건 당시 졸라가 처한 상황을 묘사한 것입니다.

1894년 9월, 프랑스군 육군 참모본부 정보국은 프랑스 주재 독일 대사관의 우편함에서 의문의 편지봉투 하나를 입수합니다. 익명의 발신인이 보낸 이 봉투에는 프랑스 육군의 기밀문서에 해당하는 한 장의 명세서가 들어있었습니다. 수취인은 독일 대사관에 근무하는 막스 폰 슈바르츠코펜 육군 대령입니다. 프랑스군 정보국은 조사 끝에 육군 포병 대위로 수습참모인 앨프레드 드레퓌스를 스파이로 지목합니다. 당시 군 수사국은 명세서에 씌여진 글씨의 필적감정을 해보니 이 사건과 전혀 무관한 육군 포병 드레퓌스 대위의 글씨체와 같다는 얼토당토 않는 결론을 내립니다.

1894년 12월 19일 파리 근교의 한 궁전 건물에서 드레퓌스 재판이 열립니다. 법정은 드레퓌스가 범인이 아니라는 수많은 증거들을 모두 묵살합니다. 죄 없는 한 사람에게 온갖 혐의를 뒤집어씌우고 사건을 빨리 마무리합니다. 재판에 출석한 드레퓌스는 분노와 억울함으로 제정신이 아닙니다. 재판장은 드레퓌스를 '악마의 섬'이라는 곳에 평생 감금하는 종신유배형에 처합니다. 드레퓌스 가족들의 피를 토하는 항변에도 불구하고 사건은 그렇게 종결되는 듯해 보였습니다. 피카르라는 의로운 군인이 아니었다면 말입니다. 정보국장 피카르 중령은 우연히 명세서 필적의 주인공이 드레퓌스가 아니라 에스테라지 소령임을 알게 되었고 직속상관인 참모총장에게 이 사실을 알렸지만 묵살당합니다. 이를 계기로 사건은 새로운 국면을 맞이합니다. 그런데 프랑스군 당국은 도대체 왜 아무 죄 없는 일개 장교인 드레퓌스를 스파이로 몰고 간 걸까요?

Le Petit Journal

Le Petit Journal

Le Supplément illustré

SUPPLÉMENT ILLUSTRÉ

Huit pages : CINQ centimes

ABONNEMENTS

Cinquième année

DIMANCHE 23 DÉCEMBRE 1894

Numéro 214

Le capitaine Dreyfus devant le conseil de guerre

삽화가 앙리 마이어의 그림 1894년 12월 23일자 「르 프티 주르날」에는 같은 해 12월 20일에 열린 재판 중에 드레퓌스가 피고인석에서 자신을 스파이라고 지목하는 증인을 바라보는 장면을 묘사한 일러스트가 큼지막하게 실렸다. 「르 프티 주르날」은 반유대주의적이고 민족주의적인 언론으로 꼽힌다.

그건 바로 드레퓌스가 유대인이라는 사실 때문입니다. 유럽에서의 유대인 박해는 어제오늘의 일이 아니었습니다. 하지만 프랑스는 톨레랑스 정신에 따라 유대인들에게 시민권을 부여합니다. 프랑스에 정착한 유대인들은 왕정복고 이후 프랑스 자본주의 체제에서 금융자본가로 성장합니다. 그런데 떠돌이 이방인에 불과했던 유대인들의 성공을 바라보는 프랑스인의 시각은 곱지 않았습니다. 톨레랑스는 그저 허울에 지나지 않았던 거지요. 여기에 독일(프로이센)과의 보불전쟁에서 패하면서 민심이 민족주의로 강하게 흐르면서 프랑스 사회 전반에 반유대주의(antisemitism)가 확산됩니다. 바로 그런 시기에 프랑스군 안에 독일군과 내통한 스파이 사건이 터지자, 프랑스군 당국이 유대인인 드레퓌스에게 누명을 뒤집어씌우는 마녀사냥을 저지른 것입니다.

오른쪽 그림은 삽화가 앙리 마이어Henry Meyer, 1841~1899가 신문「르 프티 주르날」에 수록하기 위해 그린 것으로, 드레퓌스가 1895년 1월 5일 군사학교 연병장에서 계급강등과 국적박탈을 공개적으로 당하는 장면입니다. 일반적으로 군형벌을 받는 장교의 경우 군의 명예를 감안해 조용히 퇴출시키는 게 관례인데, 드레퓌스의 경우는 유대인이라는 이유로 소속 포병연대가 도열한 가운데 다른 장교가 그의 칼을 부러트리고 계급장과 훈장, 단추 등을 떼어내는 굴욕적인 강등식을 공개적으로 거행합니다. 당시 프랑스 사회에 반유대주의가 얼마나 팽배해 있었는지를 보여주는 대목입니다.

앙리 마이어, 〈드레퓌스의 강등식〉, 1895년, 프랑스 국립 도서관, 파리

반역죄로 몰린 드레퓌스의 칼을 부러트리는 강등식 장면을 그린 삽화입니다. 후대 역사가들은 드레퓌스의 칼과 함께 프랑스의 톨레랑스도 부러졌다고 일갈합니다. 이 그림을 그린 삽화가 앙리 마이어는 「르 프티 주르날」에 드레퓌스를 반역자로 몰아가는 삽화를 여러 점 그렸습니다. 그의 그림은 당시 프랑스인들의 반유대주의적 감정에 기름을 붓는 구실을 합니다.

## 공정함을 잃은 사법부

●

다시 드레퓌스 재판 얘기를 해보겠습니다. 드레퓌스는 그렇게 평생 악마의 섬에 갇히고 말까요? 드레퓌스의 아내는 재판의 부당함을 이유로 재심을 요구하는 청원서를 의회에 보냅니다. 피카르 중령은 변호사 친구의 도움으로 몇몇 뜻있는 정치인들을 통해 재심 청원에 힘을 보탭니다. 하지만 프랑스의 사법부는 꿈쩍도 하지 않습니다. 오히려 진범인 에스테라지 소령에게 무죄를 선고합니다. 에스테라지가 전쟁에서 승리한 전사처럼 의기양양한 표정으로 법원을 나올 때 반유대주의에 빠진 프랑스 시민들은 환호성을 지릅니다. 반대로 진실을 좇는 지식인들과 양심적인 시민들은 크게 낙담합니다.

드레퓌스 사건은 프랑스 사회를 서로 대립하는 두 진영으로 분열시킵니다. 민족주의를 기반으로 유대인 드레퓌스가 반역자라고 믿어 의심치 않는 반유대주의 세력이 다수를 차지합니다. 그 반대편에서는 도덕과 양심에 따라 진실을 추구하며 훼손된 톨레랑스 정신을 회복하고자 하는 사람들이 드레퓌스의 무고함을 주장합니다.

1898년 2월 13일자 「르 피가로」에 실린 까랑 다쉬Caran d'Ache, 본명:Emmanuel Poiré, 1858~1909의 삽화는 당시 드레퓌스 사건을 놓고 양분된 프랑스 사회를 풍자합니다. 까랑 다쉬는 주로 정치와 사회적 이슈를 풍자해 만화로 그렸던 커투니스트(cartoonist)입니다. 상단의 그림을 보면, 어느 가족의 저녁식사 모임에서 할아버지로 보이는 노인이 오늘 이 자리에서만큼은 드레퓌스 얘기를 하지 말자는 제안을 하자 가족들 모두가 그러자며 동의합니다. 오랜만에 모인 가족들의 표정이 화기애애합니다. 그런데 하단의 그림에서는 정반대의 장면이 나타납니다. 저녁식사 자리가 무르익을 무렵 가족 중 한 사람이 결국 드레퓌스 얘기를 꺼냅니다. 처음에는 자근

1898년 2월 13일자 「르 피가로」에 실린 까랑 다쉬의 커툰 〈어느 가족의 저녁식사 모임〉

자근 서로의 주장을 내더니 갈수록 말들이 거칠어지기 시작합니다. 그리고 급기야 주먹다짐이 벌어지면서 저녁식사 모임이 아수라장이 되고 맙니다. 가족들의 저녁식사마저 위태로워질 정도로 프랑스 사회는 심각한 갈등에 처하지요.

## 정의롭고 용기 있는 글

●

갈수록 격렬해지는 분열과 대립 속에 드레퓌스 사건의 본질은 점점 더 퇴색해져 버립니다. 진실을 규명하기 위한 논쟁은 온데 간데 사라지고 유대

인 드레퓌스에 대한 마녀사냥과 함께 반유대주의의 악령이 프랑스 사회를 뒤덮는 지경에 이릅니다. 그렇게 드레퓌스는 평생 악마의 섬에 갇혀 살아야 하는 마녀로 전락하고 맙니다.

그러던 어느 날 세상을 발칵 뒤흔드는 일이 벌어집니다. 당시 명망 높은 베스트셀러 작가인 에밀 졸라가 1893년 1월 13일자 「로로르」지 1면에 엄청난 글을 발표합니다. 이름하여 〈나는 고발한다!〉. 졸라는 이 격문에서 드레퓌스 사건의 진상을 낱낱이 파헤치는 동시에 반유대주의를 등에 업고 온갖 부조리를 저지르는 수구 기득권층을 날카롭게 비판합니다. 졸라가 이 글에 처음 붙인 제목은 '공화국 대통령 펠릭스 포르에게 보내는 편지'였는데, 「로로르」지의 편집장 클레망소(훗날 그는 프랑스의 총리 및 대통령이 됩니다)의 권유로 〈나는 고발한다!〉로 바뀌게 됩니다. 제목에 담긴 강렬한 메시지는 삽시간에 프랑스 시민들을 흔들어 깨웁니다. 졸라의 글은 진보 지식인과 청년 들을 다시 결속시켰을 뿐 아니라 프랑스를 넘어 유럽은 물론 미국에까지 알려지면서 톨레랑스의 허상이 만천하에 드러나게 됩니다.

Cinq Centimes

ERNEST VAUGHAN

L'AURORE

Littéraire, Artistique, Sociale

J'Accuse...!

LETTRE AU PRÉSIDENT DE LA RÉPUBLIQUE

Par ÉMILE ZOLA

LETTRE

A M. FÉLIX FAURE

1898년 1월 13일자 「로로르」지에 실린 〈나는 고발한다!〉

1898년 9월 드디어 드레퓌스 사건의 재심 요청이 받아들여집니다. 졸라의 정의롭고 용기 있는 글이 진실을 밝히는 계기를 마련해 준 거지요. 하지만 기대와 희망이 꺾이는 데는 그리 긴 시간이 걸리지 않았습니다. 군사법원은 재심에서 여전히 드레퓌스의 유죄를 확정해 버립니다. 진범 에스테라지 소령이 명세서의 작성자가 본인이라고 자백했음에도 불구하고 상식 밖의 판결을 내립니다. 그리고 그로부터 1년 뒤인 1899년에 대통령인 에밀 루베는 졸라의 글 발표 이후 뒤바뀐 여론을 고려해 드레퓌스를 사면해 석방합니다. 하지만 사면(赦免)이란 유죄로 확정된 사람에게 국가의 최고 권력자가 정상을 참작해 형벌을 면하게 하는 행정조치입니다. 드레퓌스가 악마의 섬에서 집으로 돌아가게 된 것은 다행스런 일이지만, 이로써 진실은 묻힐 수밖에 없는 거지요.

우여곡절 끝에 1906년이 되어서야 드레퓌스 사건은 복권(復權)을 통해 진실이 규명됩니다. 드레퓌스는 사건이 터진지 12년이 흐른 뒤에야 비로소 명예를 회복할 수 있게 된 것이지요. 하지만 졸라에게는 이 사건으로 인해 가혹한 일들이 줄지어 벌어집니다. 졸라는 〈나는 고발한다!〉 발표 이후 국방부장관으로부터 명예훼손죄로 고소를 당해 징역형에 처하게 됩니다. 그는 형 집행을 피해 런던으로 망명하면서 국가적 배신자라는 오명까지 뒤집어씁니다. 이로 인해 그에게 수여된 레지옹 도뇌르 훈장까지 박탈당합니다. 또 그의 책 판매마저 급격히 떨어지면서 경제적 파산 상태에 빠지고 맙니다. 무엇보다 되돌릴 수 없는 것은, 그의 갑작스런 죽음이었습니다.

## 담배연기처럼 홀연히 잊혀진 죽음의 기억

•

1902년 졸라는 파리의 조그마한 아파트에서 벽난로에 불을 지펴둔 채 잠자다가 난로에서 흘러나온 가스에 중독되어 사망합니다. 반유대극우주의자인 가톨릭 예수회에 의한 타살 의혹이 파다했지만 검시관들은 검시보고서를 거부하고 일산화탄소 중독으로 인한 자연사로 확정해 발표합니다. 프랑스 지성계의 사표(師表)이자 대표적인 모럴리스트(Moralist)는 그렇게 허망하게 세상을 등졌습니다. 그리고 그의 죽음은 서서히 잊혀져갔습니다.

그가 죽은 지 50여 년이 흐른 어느 날 파리의 한 신문사에 졸라의 석연치 않은 죽음에 관한 편지가 송달됩니다. 편지에 따르면 에밀 졸라는 암살당한 것이 명백하며, 암살자의 이름까지 밝힙니다. '뷔롱포스'라는 반드레퓌스주의자가 졸라의 아파트 굴뚝을 막아 벽난로에서 발생한 일산화탄소가 방안으로 흐르게 했고, 이를 모르고 잠이 든 졸라는 일산화탄소 중독으로 사망했다는 것입니다. 다음 날 오전 뷔롱포스는 굴뚝 수리를 핑계로 졸라의 집에 들어가 그의 죽음을 확인하고 나왔다고 합니다. 당시 신문사는 편지의 구체적인 서술과 여러 정황으로 볼 때 매우 신빙성이 높은 제보임에 틀림없다고 판단합니다.

드레퓌스 사건이 정점에 이르던 당시 졸라를 비롯한 의로운 진영에 섰던 사람들은 테러의 위험에 노출되었던 게 사실입니다. 드레퓌스 변호인이던 라보리 변호사는 거리에서 총격을 당하는 일까지 겪습니다. 졸라의 신변은 더욱 불안전할 수밖에 없었습니다. 이 글을 시작하며 보여드렸던 그루의 그림 〈군중에 휩싸인 졸라〉는 당시 졸라가 반드레퓌스파 군중들로부터 얼마나 많은 위협을 받고 있었는지를 방증합니다.

타살 여부를 떠나 졸라가 벽난로에서 나온 일산화탄소로 사망했음은 의학적으로 충분히 개연성이 있습니다. 20세기 초 유럽에서는 벽난로에서 유출된 일산화탄소 중독으로 사망한 사례가 적지 않다는 기록이 전해집니다. 일산화탄소 중독은 수십 년 전까지만 해도 우리나라에서도 자주 일어났습니다. 연탄가스 중독이 여기에 해당됩니다. 당시 난방연료로 주로 연탄이 사용되었기 때문인데요. 갈라진 방바닥 틈으로 연탄가스가 스며들어와 일산화탄소 중독을 일으켰던 거지요. 1960년대에는 해마다 70만 명 이상이 연탄가스 중독으로 병원을 찾았고 이 가운데 3000여 명이 목숨을 잃었습니다. 졸라의 경우에는 벽난로에서 불완전 연소로 발생한 일산화탄소가 연통을 타고 배출되지 않고 실내에 고이게 되면서 치명적인 중독을 일으켰던 것으로 추정됩니다. 일산화탄소 자체는 색깔도 없고 냄새도 나지 않아 미리 감지하기 어려워 초기에 중독성을 느끼기가 쉽지 않습니다.

일산화탄소는 우리 몸 안으로 들어가면 조직에 산소를 공급하는 헤모글로빈에 달라붙어 산소 운반을 방해하여 저산소증을 일으킵니다. 그래서 인체는 호흡에 필요한 산소를 이용할 수 없게 되어 질식 상태에 빠지지요. 이 상태가 지속되면 뇌나 심장의 손상으로 심할 경우에는 사망에 이를 수도 있습니다. 치료는 중독자에게 가급적 빨리 신선한 공기를 쏘이게 하고, 경우에 따라 인공호흡이나 산소흡입 등을 시행합니다. 호흡자극제를 주사하거나, 사혈(瀉血)한 다음 수혈 혹은 포도당액이나 링거액 등을 주입하기도 합니다. 하지만 졸라의 경우처럼 난방연료로 인해 중독되는 경우, 대부분 수면 중에 발생하기 때문에 응급조치를 할 시기를 놓치기 일쑤입니다. 일산산화탄소 중독이 무서운 이유이지요. 그런데, 누군가 살해의 목적으로 일산화탄소를 이용했다면 그건 더 안타까운 결과를 초래합니다. 누가 봐도 사고사처럼 여겨지기 때문입니다.

혹시 여러분은 일산화탄소 중독이 나와 상관없는 얘기처럼 느껴지실 수도 있겠습니다. 이제는 난방으로 연탄이나 벽난로를 이용하는 경우가 많지 않기 때문이지요. 하지만 우리 주변에 일산화탄소 중독은 매우 흔하게 발생합니다. 바로 담배 때문이지요. 담배 한 모금을 빨 때마다 1.6mg의 일산화탄소가 흡입되고 핏속의 헤모글로빈과 결합해서 온몸의 산소 활용도를 떨어뜨린다는 사실을 알고 계신 분은 드뭅니다. 특히 뇌에 산소가 공급되지 못해 몽롱해지는데도 흡연자의 인체는 이를 자연스럽게 받아들이게 됩니다. 흡연자가 담배를 피우지 않으면 갑자기 숨을 많이 쉴 때처럼 산소 활용도가 지나치게 높아져 오히려 거북하게 느낍니다. 이것이 바로 담배를 쉽게 끊지 못하는 이유이기도 합니다. 의학적으로 흡연은 니코틴 중독이면서 한편으로는 일산화탄소 중독이기도 합니다. 결국 담배를 피우는 것은 연탄가스를 마시는 것과 다르지 않습니다.

이왕 담배 얘기가 나왔으니 마치 금연 포스터 같은 회화 한 점 감상하시

빈센트 반 고흐, 〈담배 피는 해골〉, 1886년, 캔버스에 유채, 32×24.5cm, 반 고흐 미술관, 암스테르담

겠습니다. 빈센트 반 고흐Vincent Willem van Gogh, 1853~1890가 그린 〈담배 피는 해골〉이란 그림입니다. 이 그림은 고흐가 1886년경 벨기에 안트베르펜에 머물 때 그린 것입니다. 당시 고흐는 안트베르펜의 왕립미술학교에 합격해서 이곳에서 그림공부를 했는데요. 화가가 되기 위해서 반드시 필요한 해부학 공부를 하던 중에 이 그림을 그린 것으로 추정됩니다. 그런데 특이하게도 해골에 담배를 물렸습니다. 고흐는 서양미술사에서 둘째가라면 서러울 정도로 골초였습니다. 그는 십대부터 담배를 피기 시작해 죽는 그 순간까지 손에서 담배를 놓지 않았다고 합니다.

## 졸라의 예술가 동지들

•

졸라의 타살 의혹을 비롯해 드레퓌스 사건이 남긴 상흔은 꽤 깊었습니다. 다행히 재심에서 진실이 규명되었지만 말이지요. 졸라와 뜻을 함께한 여러 지식인과 예술가 그리고 민중들의 지지와 연대가 없었다면 드레퓌스는 악마의 섬에서 평생을 보내야 했고, 또 수구 기득권층이 내세운 반유대주의는 더욱 확산되었을지도 모릅니다.

졸라를 지지하고 연대했던 사람들 중에는 화가들도 적지 않았습니다. 평소 미술에 조예가 깊었던 졸라는 특별히 인상주의 화가들과 깊은 교류를 나눴습니다. 클로드 모네Claude Monet, 1840~1926는 졸라의 〈나는 고발한다!〉를 지지하면서 드레퓌스 사건의 재심 청원서에 서명을 남기는 등 용기 있는 행보를 함께 했습니다. 에두아르 마네Edouard Manet, 1832~1883도 졸라와 깊게 소통했던 화가입니다. 마네는 졸라를 향한 오마주의 뜻으로 졸라의 초상화를 그렸습니다(254쪽). 또한 그는 졸라의 소설에 등장하는 인물을 캔버스로 옮겼습니다. 매춘부를 다룬 소설 『나나』의 주인공을 그린 마네의 그림은 그의 대표작 〈풀밭 위의 식사〉나 〈올랭피아〉만큼 기성 화단으로부터 혹평에 시달리면서도 센세이션을 일으켰습니다.

폴 세잔Paul Cezanne, 1839~1906과 졸라의 우정은 후대에 책이나 영화로 다뤄질 만큼 유명합니다. 프랑스 남부 엑상프로방스에서 어린 시절부터 절친했던 두 사람은 성인이 되어서도 서로의 작품 활동에 영감을 주는 소울 메이트였습니다. 하지만 졸라가 무능하고 실패한 화가를 주인공으로 쓴 소설 『작품』의 롤 모델을 자신으로 삼았다고 여긴 세잔은 졸라와 절교합니다. 심지어 세잔은 정치적으로도 반드레퓌스파를 지지하면서 졸라와 전혀 다른 길을 가지요. 훗날 세잔은 졸라의 장례식에도 참석하지 않습니다. 하지만 세잔은 젊은 시절 어울려 지냈던 작가 폴 알렉시스와 졸라를 모델로 그렸던 〈졸라에게 책을 읽어주는 폴 알렉시스〉라는 그림을 평생 소중히 간직했습니다. 비록 살아생전에 화해의 손을 내밀진 못했지만 졸라를 그리워했던 세잔의 속마음이 읽히는 대목입니다.

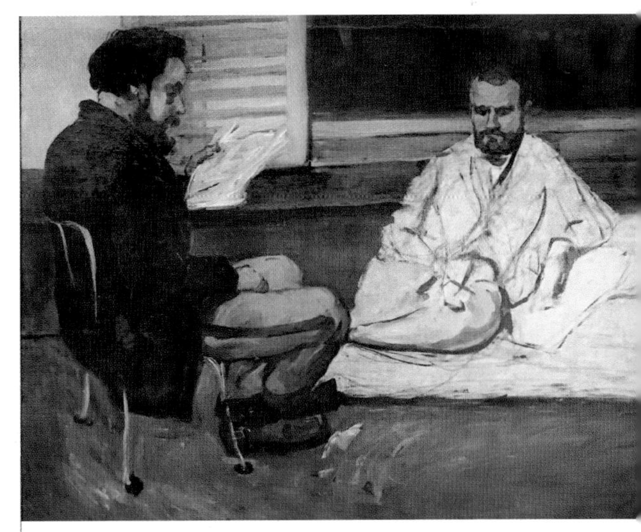

폴 세잔, 〈졸라에게 책을 읽어주는 폴 알렉시스〉, 1869년, 캔버스에 유채, 133.5×163cm, 브라질 상파울로 미술관

졸라를 지지했던 예술가 동지들 가운데 가장 인상적인 사람은 이 글의 시작과 함께 소개한 화가 앙리 드 그루입니다. 그루는 벨기에의 유명 화가 샤를 드 그루Charles de Groux, 1825~1870의 아들입니다. 브뤼셀 왕립 미술학교에서 공부한 그는, 당시 예술의 메카인 파리로 와서 본격적인 화가의 길로 들어섭니다. 그러다 파리에서 우연히 졸라와 인연을 맺습니다. 그루는 졸라의 정의로운 용기에 감동해 그의 경호원으로 활동하기도 합니다. 졸라를 향한 그루의 존경심은 그림 〈군중에 휩싸인 졸라〉에서도 잘 나타납니다. 그루는 그림 속 졸라 옆에 있는 경호원에 자신의 얼굴을 그려 넣습니다. 반유대주의 광풍으로 위기에 처한 졸라를 보호하려는 그루의 절절한 마음이 가득 담긴 그림입니다.

에두아르 마네, 〈졸라의 초상화〉, 1869년,
캔버스에 유채, 163×133.5cm, 브라질 상파울로 미술관

마네가 그린 〈졸라의 초상화〉를 봅니다.

졸라의 손에는 미술사에 관한 책이 들려 있습니다.

평소 미술에 조예가 깊었던 졸라를

마네는 존경했고 또 지지했습니다.

어느 날 졸라는 실의에 빠진 마네에게 이런 말을 건넵니다.

"자네의 그림은 가까운 시기에 꼭 루브르에 걸릴 걸세."

"자네의 걸작 〈올랭피아〉에는 예술가의 살과 피가 담겼네."

벽면에 우끼요에, 벨라스케스의 〈바쿠스〉와 함께

마네의 〈올랭피아〉 복사본이 보입니다.

마네는 기성 화단에서 혹평 받는 화가였습니다.

졸라는 그런 친구 마네를 위로했고 또 그의 예술을 존중했습니다.

마네의 〈올랭피아〉는 현재 오르세 미술관에 걸려 있습니다.

마네를 손가락질했던 기성 화단으로선 상상할 수 없는 일이지요.

졸라의 따뜻한 안목이 승리한 것입니다.

졸라의 삶은 그 자체가 '톨레랑스'였습니다.

## 그의 죽음을 기억하고 싶은 밤

•

"우리는 그가 부럽습니다. 수많은 저작과 용기 있는 행동으로 조국 프랑스의 명예를 구했기 때문입니다. 우리는 그가 부럽습니다. 열정적인 삶과 정의로운 양심이 그의 운명을 위대한 길로 인도했기 때문입니다."

졸라의 장례식에서 소설가이자 비평가인 아나톨 프랑스Anatole France 1844~1924가 남긴 추도사입니다. 그렇습니다. 수많은 사람들이 졸라의 찬란한 저작과 의로운 발자취에 경의를 표합니다. 또 수많은 사람들이 그가 이뤄낸 위대한 업적을 부러워할지도 모르겠습니다. 하지만, 어느 누구도 그의 안타까운 죽음까지 부러워하진 않을 것입니다. 아나톨 프랑스의 추도사가 황망하게 느껴지는 이유입니다.

"진실이 전진하기 위해서는 얼마나 많은 늪지대를 지나쳐야 하는가!"

드레퓌스의 무고함이 제대로 밝혀지지 않자 졸라가 한탄하며 했던 말입니다. 결국 졸라는 진실이 나아가야 할 앞길을 막는 늪지대에 빠져 죽음에까지 이른 건 아닌지 저어됩니다. 진실을 위해 싸웠지만 정작 본인 자신의 석연치 않은 죽음은 진실에서 멀어지고 말았기 때문입니다. 의사라는 직업 탓일까요, 삶에 있어서 저에게 가장 중요하게 다가오는 지점은 삶의 마지막, 바로 죽음입니다. 정의로웠던 그의 삶만큼, 안타까웠던 그의 죽음도 함께 기억하고 싶은 밤입니다.

*Hippocrates Gallery*

*13*

•

# '악녀의 탄생'에 관한 인문학적 고찰

제임스 웰스 챔프니, 〈릴리트〉, 제작연도 미상, 파스텔화, 61×51cm, 개인 소장

아름다운 여인의 초상화 한 점을 감상해보겠습니다. 여인이라고 하기에는 좀 앳되어 보이지요? 아무래도 소녀가 맞을 것 같습니다. 그만큼 청순해 보입니다. 미국 매사추세츠주 보스턴 출신의 화가 제임스 웰스 챔프니 James Wells Champney, 1843~1903가 그린 파스텔화입니다. 챔프니는 서양미술사에서 그리 많이 등장하는 화가는 아닌데요. 19세기 여느 미국 화가들처럼 챔프니도 유럽에서 미술을 공부한 유학파입니다. 그는 유럽에서 돌아와 고향 디어필드에 작업실을 열고 작품 활동을 하면서 인근 대학에서 미술을 가르치기도 했습니다.

챔프니는 여성의 초상화를 여러 점 남겼는데요. 그 가운데 이 그림이 유독 눈에 띄었던 건 초상화 속 소녀가 아름답기도 했지만 바로 '릴리트(Lilith)'라는 이름 때문입니다. 릴리트! 여러분은 어떠세요? 혹시 그림 속 청초한 소녀의 모습과 그 이름이 서로 어색하진 않으세요? 저는 좀 어색한데요. 그 이유는 바로 다음 페이지에 등장하는 그림 때문입니다.

## 악녀의 이름?

•

오른쪽 그림은 영국 빅토리아 시대에 초상화가로 이름을 떨쳤던 존 콜리어John Maler Collier, 1850~1934가 그린 〈릴리트〉입니다. 앞에서 소개한 챔프니가 그린 초상화 속 모델과 동명이지요. 하지만 이미지는 정반대입니다. 길고 풍성한 금발의 머릿결을 늘어뜨린 여인의 벗은 몸을 커다란 뱀이 휘감고 있습니다. 여인은 잔뜩 상기된 볼로 마치 뱀과 사랑을 나누는 듯한 황홀한 표정을 짓고 있습니다.

콜리어는 낭만파 시인 존 키츠John Keats, 1795~1821의 시 〈라미아(Lamia)〉에서 영감을 얻어 릴리트를 욕정에 굶주린 요부로 묘사했습니다. 라미아는 그리스 신화에 등장하는 캐릭터로, 제우스의 사랑을 받았으나 헤라의 질투로 자식들을 잃은 뒤 처절한 절망 속에서 어린아이를 잡아먹는 반인반수(半人半獸)가 되는 괴물입니다. 라미아는 후대로 가면서 남성을 유혹하여 정기를 빨아먹는 악령이나 요부로 묘사되기도 하지요.

오랫동안 이어져온 릴리트의 악녀 이미지는 화가들로 하여금 그림의 소재로 삼는데 꺼리게 했습니다. 종교적 엄숙함이 미덕이자 질서로 이어져온 중세 유럽 사회에서 천하의 악녀 그림을 걸어놓고 싶은 사람은 거의 없었습니다. 그런데, 고정관념을 부수는 '파격의 시대'인 19세기에 이르러 예술가들이 '치명적인 여인'을 뜻하는 '팜 파탈(femme fatale)' 이미지를 작품에 담아내기 시작하면서 센세이션을 일으키게 됩니다. 콜리어의 〈릴

존 콜리어, 〈릴리트〉, 1892년, 캔버스에 유채, 194×104cm, 영국 사우스포트 앳킨슨 미술관

리트〉도 그러한 대유행으로 탄생한 역작이지요.

아무튼 콜리어의 그림을 비롯해 릴리트가 기록된 성경과 고대 신화 및 밀교 등을 알고 있었다면 챔프니가 그린 초상화 속 소녀의 이름이 릴리트라는 데에 고개를 갸우뚱할 수밖에 없겠지요. 혹시 챔프니는 소녀의 내면에 숨겨진 악녀로서의 이미지를 릴리트라는 이름으로 나타낸 걸까요? 어쩌면 화가는 겉으로 보여지는 아름다움이 얼마나 위선적인가를 얘기하고 싶었는지도 모르겠습니다. 화가가 살아생전에 밝히지 않은 탓에 그럴듯하게 추측만 할 수밖에 없는 노릇이지요. 그래서일까요, 릴리트란 존재가 어떻게 생겨났고 또 어떻게 변해왔는지 더 궁금해집니다. 지금부터 그 함의를 찬찬히 꺼내어 보도록 하겠습니다.

## 아담의 전처?

•

아시다시피 성경을 쓴 사람은 한 사람이 아닙니다. 신약성경만 하더라도 네 개의 복음서가 존재하지요. 구약성경은 누가 썼는지도 모르는 채 수천 년 동안 많은 사람들의 구전과 기록, 번역 등을 거치면서 지금의 내용을 갖추게 된 것입니다. 그러다 보니 구약성경을 읽다보면 서로 모순되는 내용들이 적지 않고, 맥락 없이 갑자기 등장하는 이름들도 눈에 띕니다. 릴리트도 그런 경우라 하겠습니다.

릴리트는 구약성경을 통틀어 단 한 번 나오는 데요. 이사야서 34장 14절에는, "그곳에서는 사막 짐승들이 늑대들과 만나고 염소 귀신들이 서로를 부르리라. 도깨비도 그곳에 쉬면서 안식을 얻으리라"라고 번역되어 있습니다. 그런데 이 구절의 영어 원문을 살펴보면, "Wildcats shall meet with desert beasts, satyrs shall call to one another; There shall the Lilith repose, and find for herself a place to rest"라고 적혀 있습니다. 그러니까 번역본에는 '릴리트(Lilith)'를 '도깨비'라고 표현합니다. 또 다른 번역본에는 'screech owl' 즉, '올빼미'로 명기한 것도 있습니다. 킹 제임스 성경(King James Version) 번역본이 여기에 해당합니다. 기록의 원형은 이 정도에 불과한데, 후대로 전승되면서 릴리트는 점점 어마무시한 마녀로 변합니다.

유대교에 따르면, 릴리트는 신이 창조한 아담의 첫 번째 아내로 등장합니다. 즉, 신이 흙으로 아담을 창조하고, 바로 다음에 같은 흙으로 여자인 릴리트를 만들었는데, 두 사람이 성관계를 하던 중 아담이 위에서 교합을 시도하자 릴리트가 "같은 흙으로 만들었는데, 왜 나는 밑에 누워 있어야만 하는가?"라고 저항하면서 서로 다툰 끝에 아담의 곁을 떠났다고 합니다.

이후 릴리트에 관한 이야기는 좀 더 자극적인 형태로 구전됩니다. 이를테면, 릴리트가 악마와 교잡하여 또 다른 악마를 낳았다느니, 혹은 그 악마가 바로 이브를 유혹한 뱀이었다는 이야기도 등장합니다. 이렇게 황당하기까지 한 이야기들이 살을 붙여 이어져온 연유는 구약성경 창세기의 내용적 모순에서부터 출발합니다.

빈센트 반 고흐, 〈성경 정물화〉, 1885년,
캔버스에 유채, 67.5×78.5cm, 반 고흐 미술관, 암스테르담

구약성경은 누가 썼는지도 모르는 채 수천 년 동안

많은 사람들의 구전과 기록, 번역 등을 거치면서

지금의 내용을 갖추게 됩니다.

그러다 보니 구약성경을 읽다보면

서로 모순되는 내용들이 적지 않고,

맥락 없이 갑자기 등장하는 이름들도

눈에 띕니다. 릴리트도 그런 경우라 하겠습니다.

고흐는 성경을 그렸는데요.

그림을 자세히 보면 구약성경 중

'이사야'라는 영문이 보입니다.

이사야(Isaiah)는 구약의 위대한 선지자인데요.

하지만 이사야서가 다른 시대에 살았던

동명이인인 다른 이사야가 썼거나

이사야의 제자가 썼을 가능성이 높다는 주장이

제기되면서 논란이 되기도 했지요.

성경 옆에는 에밀 졸라의

『La Joie de vivre(삶의 기쁨)』이라는 책도 보입니다.

창세기 1장 27절에서는 "하나님이 자신의 형상 곧 하나님의 형상대로 사람을 창조하시되 남자와 여자를 창조하시고"라고 나와 있는데, 그 다음 창세기 2장 22절과 23절에서는 "하나님이 아담에게서 취한 그 갈빗대로 여자를 만드시고 그를 아담에게로 이끌어 오시니 아담이 이르되 이는 내 뼈 중의 뼈요 살 중의 살이라 이것을 남자에게서 취하였는즉 여자라 부르리라 하니라"라고 되어 있습니다. 그러니까 1장에서 이미 남자와 여자를 창조했는데, 2장에서는 아담의 갈비뼈로 다시 여자를 만들었으니 1장에서 만든 여자가 어디엔가 있었다는 논리적 추론이 가능했던 것입니다. 그런데 1장에서 만든 여자는 그 이후 어디에도 등장하지 않습니다. 결국 1장에서의 등장 이후 자취를 감춘 여자에게 모든 사악한 이미지를 덧씌워버린 것입니다. 마치 '없는 사람 욕하듯이' 말이지요.

## 갈수록 심각해지는 릴리트 스캔들

•

유대교는 후대로 갈수록 릴리트에게 죄악을 추가합니다. 랍비들 사이의 구전전승에 따르면, 아담을 버리고 도망친 릴리트는 아담의 새로운 아내인 이브를 질투해 또 다른 죄악을 저지릅니다. 릴리트는 아담을 버렸기에 아이를 낳을 수 없었고, 그래서 남의 아이를 밤에 유괴합니다.

파울로 베로네제(Paolo Veronese, 1528~1588), 〈이브의 창조〉, 1565~75년경, 81×103cm, 시카고 아트 인스티튜트

이탈리아 베네치아 출신의 화가 베로네제는 성경을 근거로 하여, 창조주가 자고 있는 아담에게서 갈비뼈를 빼내 이브를 만드는 모습을 그렸습니다. 이브의 히브리식 이름인 '하와(hawwah)'는 '살아있는'이라는 의미를 담고 있는데, 이는 곧 이브가 모든 살아있는 존재의 어머니임을 뜻합니다. 이렇게 해석할 경우 릴리트는 이브 이전에 온전히 존재해서는 안 되는 대상이 되고 맙니다. 즉, 존재하더라도 사악하기 이를 데 없는 악녀의 근원으로서 의미를 지니게 되는 것이지요.

이탈리아 피렌체에 있는 산타마리아 노벨라 성당에 가면 필리피노 리피Filippino Lippi, 1457~1504가 그린 〈아담〉이라는 프레스코 벽화를 볼 수 있는데요. 여기에 릴리트가 등장합니다. 벽화를 찬찬히 살펴보면, 아담이 두려운 표정으로 아이를 감싸 안고 있습니다. 그 앞에 뱀의 형상을 한 릴리트가 보입니다. 아담의 품에서 아이를 잡아채갈 기세가 느껴집니다.

이에 관해서는 논란이 적지 않은데요. 어떤 학자들은 '자장가'를 의미하는 'lullaby'라는 단어가 'Lilith-Abi'의 변형에서 나왔다고 주장합니다. 이는 곧 '릴리트가 가버린'을 뜻합니다. 즉 릴리트가 갔으니 이제 아기가 편히 자도 된다는 의미를 담고 있다고 합니다.

필리피노 리피, 〈아담〉, 1502년,
프레스코화, 산타마리아 노벨라 성당, 피렌체

윌리앙 아돌프 부그로(William-Adolphe Bouguereau, 1825~1905),
〈자장가〉, 1875년, 캔버스에 유채, 56×45.5cm, 개인 소장

프랑스 신고전주의 화가인 부그로가 그린 〈자장가〉입니다. 곤히 잠든 아기 곁에 엄마로 보이는 젊은 여인이 있습니다. 그림 속 엄마와 아기는 한 없이 평온해 보이지만, 릴리트와 자장가에 얽힌 이야기를 듣고 그림을 살펴보면 달리 보이기도 합니다. 세상에 만연한 '릴리트' 같은 해악 때문일까요, 아기를 바라보는 엄마의 표정에 걱정 어린 빛이 숨어 있습니다.

## 밤의 여왕

사실 릴리트에 관한 이야기는 구약성경보다도 훨씬 앞서 중근동 지역에 광범위하게 퍼져 있었습니다. '릴리트(Lilith)'라는 이름을 분석해 보면, 히브리어 'Layil' 혹은 아라비아어 'Layl'과 연관이 깊은데요. 이는 '밤'을 의미한다고 합니다. 또한 고대 바빌로니아에서는 'lili' 혹은 'lilitu'라는 단어가 '영적인 존재'를 의미했고, 고대 수메르에서는 악녀의 이름으로 'lili'라는 것이 있었는데, 이 또한 '저녁'을 뜻한다는군요.

릴리트 전승의 원형이 메소포타미아 지방의 여신 숭배와 관련이 있다는 연구는 현대에 이르러서도 꾸준히 이어져 왔습니다. 이 지역에서 릴리트는 나체로 사자 두 마리를 발로 딛고, 양옆에는 올빼미 두 마리를 데리고 있는 것으로 형상화됩니다. 고대 문명에서의 여신 숭배는 대체로 다산(多産)을 상징합니다. 실제로 릴리트는 수메르 문명에서 사랑과 경작, 아름다움에서 섹스와 전쟁에 이르기까지 다양한 의미를 내포합니다. 여기서 주목해야 할 점은 올빼미의 존재입니다. 야행성 동물인 올빼미는 그 자체

영국발물관에 소장된 〈밤의 여왕〉이라 불리는 조각상. 밤을 상징하는 올빼미가 양쪽에 위치해 있다.

로 밤을 상징합니다. 그래서 올빼미를 데리고 있는 릴리트는 어두운 밤의 존재, 즉 악녀의 이미지로 연결되는 것이지요.

한편, 릴리트 이야기는 말로만 이어져왔을 뿐 명확한 고증이 이뤄지지 않아 문화사적으로 한계를 드러내왔는데요. 릴리트에 대한 심층적인 연구가 가능하게 된 것은, 1947년경 이스라엘과 팔레스타인, 요르단의 국경에 위치한 사해(死海) 부근에서 발견된 고문서 덕분이었습니다. 당시 한 베두인족 소년이 잃어버린 염소를 찾아 여리고 남쪽 사해 서안 절벽에 있는 동굴 속으로 들어갔습니다. 소년은 동굴에서 여러 개의 항아리를 발견했는데, 그 항아리 안에 여러 개의 가죽 두루마리가 있었습니다.

기원전 2세기경 기록된 것으로 추정되는 구약성경 이사야서 히브리어본.

고고학자들이 이에 관해 심층적인 연구를 진행한 결과, 이 가죽 두루마리들은 성경의 여러 가지 사본 및 외경 들로 밝혀집니다. 당시 발견된 20개 이상의 가죽 두루마리에는 무려 700가지가 넘는 기록물들이 담겨 있었다고 합니다.

제1동굴에서 발견된 두 개의 가죽 두루마리에 기록된 내용은 히브리어로 된 구약성경 중 '이사야서'였습니다. 이 고문서들은 대략 기원전 2세기경에 기록된 것으로 추정됩니다. 여기서 발견된 이사야서 히브리어본에는 '현자의 노래(Songs of the Sage)'가 있는데, 그 안에 '릴리트'라는 이름이 분명하게 새겨져 있습니다. 이 고문서에서도 릴리트는 도둑, 악마 등 부정적인 내용을 열거하는데 함께 등장합니다. 이 고문서들의 발견으로, 릴리트란 존재의 고증에 대한 논란은 어느 정도 일단락이 됩니다. 즉, 릴리트는 후대로 이어지면서 구전을 통해 생겨난 존재이지 원래 구약성경의 원본에는 없다는 주장이 힘을 잃게 된 것이지요.

## 치명적일 수밖에 없는 사랑

•

이제 릴리트에 관한 탐사 여행을 지중해변을 따라 그리스로 가 보겠습니다. 릴리트는 그리스로 넘어가면서 또 다른 버전으로 이어집니다. 4세기경부터 번역이 시작된 라틴어 성경의 이사야서에서 릴리트는 '라미아(Lamia)'라는 이름으로 등장합니다. 앞에서 소개한 존 콜리어가 〈릴리트〉를 그리는 데 영감을 얻었다는 존 키츠의 시 〈라미아〉와 연결되는 캐릭터입니다(260쪽). 그리스 신화에 등장하는 반인반수 악녀 말입니다.

오른쪽 그림은 영국 출신의 화가로 그리스 신화를 화폭에 옮기는 데 탁월했던 존 윌리엄 워터하우스John William Waterhouse, 1849~1917가 그린 〈라미아〉입

존 윌리엄 워터하우스, 〈라미아〉, 1905년, 캔버스에 유채, 144.7x90.2cm, 뉴질랜드 오클랜드 아트 갤러리

니다. 그림은 늠름하고 건장한 기사와 아름다운 여인이 서로 손을 잡고 절절한 사랑을 약속하는 것처럼 보입니다. 하지만 오른쪽 하단에 숨어있는 뱀을 발견하자마자 그림에 엄청난 반전이 숨어있음을 깨닫게 됩니다. 그림의 제목이 암시하듯 이 아름다운 여인의 실체는 그리스 신화에 등장하는 반인반수의 요괴 라미아이기 때문입니다.

그림 속 남자는 여인이 요괴라는 사실을 이미 알고 있는지도 모릅니다. 머지않아 아름다운 여인의 모습을 한 요괴에게 자신의 피가 송두리째 빨리는 무시무시한 일이 벌어질 것이라는 사실 말입니다. 그럼에도 남자의 사랑은 멈출 수 없을 만큼 간절합니다. 이 둘의 사랑이 치명적(fatal)일 수밖에 없는 이유이지요. 그래서일까요, 팜 파탈(femme fatale)을 향한 사랑의 끝은 늘 파국으로 치닫게 되는 가 봅니다.

## 가장 두렵고 참혹한 세상

•

악녀의 기원을 이루는 릴리트에 관한 문헌과 그림을 일별해 보면서 오랫동안 의사로서 지녀왔던 질문 하나가 다시 뇌리를 스칩니다. 인간의 '악함', 즉 '사악함'이란 과연 어디서 비롯되는가? 그리고 '사악함'은 의학에서 다루는 질병으로 정의할 수 있는가? 만일 사악함이 질병이라면 악인은 치료를 받아야 하는 환자라 할 수 있을까?

문득 20여 년 전 봤던 영화 한 편이 떠오릅니다. 리처드 기어와 에드워드 노튼이 출연했던 〈프라이멀 피어(Primal Fear)〉라는 영화입니다. 영화는 시카고에서 존경받는 로마가톨릭 대주교의 살해 용의자로 지목된 한 소년이, 재판 과정에서 중증 다중인격장애를 앓고 있는 것으로 판정되면서 살해행위에 대한 책임을 면하는 내용을 다룹니다. 영화의 결말 부분에서 소년이 앓고 있는 중증 다중인격장애가 형벌을 면하기 위한 고도의 연기로 밝혀지면서 관객들에게 큰 충격을 주었던 기억이 납니다. 에드워드 노튼이 소름 돋도록 연기한 소년의 표정은 한마디로 악마의 모습 그 자체였습니다. 소년은, 챔프니가 그린 릴리트의 청순함으로 콜리어가 그린 온몸에 뱀을 휘감은 릴리트의 사악함을 은폐했던 것이지요.

영화 밖 현실에서도 영화 못지 않는 어마무시한 일들이 수 없이 벌어지고 있습니다. 배우자와 어린 자녀를 잔혹하게 살해하거나, 자기와 아무 상관없는 타인을 이유 없이 죽이기도 합니다. 수만 년 전 구약성경과 그리스 신화에 기록된 릴리트(혹은 라미아)가 저질렀던 만행이 지구촌 곳곳에서 벌어집니다. 하지만, 현실에서의 가해자는 신화 속 괴물이나 악녀가 아니라 인간입니다.

어처구니없는 노릇은 가해자들이 자신의 범행에 대한 형벌을 피하기 위해 질병 속에 숨으려는 행태가 적지 않게 벌어진다는 것입니다. 영화 속 에드워드 노튼이 연기한 소년처럼 말이지요. 가해자의 변호인은 어떻게든 자신의 의뢰인을 형벌에서 구하기(?) 위해 없던 조현병까지 설계하

프란츠 폰 슈투크(Franz von Stuck, 1863~1928), 〈죄악〉, 1893년,
캔버스에 유채, 94.5×59.6cm, 노이에 피나코테크, 뮌헨

독일 출신의 화가이자 건축가 프란츠 폰 슈투크의

〈죄악〉이라는 작품입니다.

그림 속 여인이 누구인지 명시하지 않아

단정할 수는 없지만 많은 비평가들은 뱀을 휘감고 있는

모습에서 릴리트라고 추정합니다. 이 그림은

그 충격적인 모습에 1893년 발표 당시 논란을 일으켰지요.

어떤 문화평론가는 이 그림을 보고,

"예술작품에는 공동체에 대한 인식을 강화하는 작품이

있는가 하면, 우리를 고립시키는 작품도 있다.

이 그림은 후자에 속한다"고 혹평하기도 했지요.

하지만, 예술은 현실을 투영하기 마련입니다.

화가가 악녀를 그렸다면, 그건 단지 세상의

어둡고 사악한 면을 그린 것일 뿐입니다.

기도 합니다. 그들이 '악마의 변호인(Devil's Advocate)'이란 '악명'을 얻는 이유이지요.

의사가 어떤 형사사건에서 정신감정에 대한 전문가적 소견을 내려야 하는 경우야말로 의학이 가장 냉정해져야 하는 순간이 아닐까 생각됩니다. 자칫 '악마의 주치의(Devil's Doctor)'로 전락하지 않으려면 말입니다. 물론 정신감정인의 판단은 의학적 판단이지 법률적 판단은 아닙니다. 정신감정인이 내린 의학적 판단의 채택 여부는 재판관에게 위임되어 있기 때문입니다. 하지만 정신감정인의 의학적 판단이 재판에서 피고인의 책임을 묻는 데 있어서 대단히 중요한 요소로 작용하는 건 움직일 수 없는 사실입니다.

"죄는 미워하되 인간은 미워하지 말라"는 말은 설득력을 잃은 지 오래되었습니다. 갈수록 죄질이 치밀해지고 잔혹해지는데 그런 죄를 저지른 인간을 어떻게 비난하지 않을 수 있을까요? '죄'와 '죄인'을 분리할 수 없는 지경에 이른 것이지요.

그럼에도 어떤 사건에서 범죄를 저지른 사악함이 질병에서 비롯한 것이라고 결론난다면, 가해자는 없고 피해자만 있는 형국이 되고 맙니다. 이것이야 말로 질병이 인간에게 가장 큰 해악을 끼치는 지점이 아닐까요? 의사로서 가장 두렵고 참혹한 세상이란, 사악함이란 질병이 전염병처럼 여기저기 퍼지는 순간이 아닐까 생각해 봅니다.

*Hippocrates Gallery*

*14*

•

# 1904년 7월 2일 오전 3시, 그가 운명하셨습니다

오시프 브라즈, 〈안톤 체호프의 초상화〉, 1898년,
캔버스에 유채, 202×101cm, 트레차코프 미술관, 모스크바

초상화 한 점을 함께 감상해 보겠습니다. 러시아 출신 화가 오시프 브라즈가 그린 초상화입니다. 모스크바 트레차코프(Tret'yakovskaya) 미술관에 가면 만날 수 있는 그림입니다. 대개 초상화는 그림을 그린 화가보다는 그림 속 모델이 누구인지가 더 궁금합니다. 몇 년 전 트레차코프 미술관에 들렀을 때 이 그림 앞에서 어떤 도슨트가 외국인들을 대상으로 영어로 해설하는 것을 우연히 들었던 기억이 납니다. 도슨트 해설이 화가와 작품보다는 작품 속 모델에 대한 이야기가 주를 이뤘습니다. 그만큼 초상화의 모델이 대단히 유명한 인물이기 때문이겠지요.

초상화 속 모델은 누구일까요? 러시아의 대문호 안톤 체호프Anton Chekhov, 1860~1904입니다. 화가 브라즈는 주로 풍경화를 그린 화가였지만, 인터넷에서 그를 찾아보면 체호프의 초상화가 가장 먼저 검색됩니다. 그나마 브라즈는 체호프 덕에 후대에 기억되는 화가가 된 셈이지요. 브라즈 입장에서는 그리 유쾌하지만은 않을 것 같습니다.

## 의학은 아내요, 문학은 애인?!

우리나라에도 러시아의 문호 안톤 체호프의 작품을 좋아하는 사람들이 참 많습니다. 문학사에서는 그를 가리켜 현대 단편문학의 초석을 놓았다고 평가합니다. 실제로 고리키, 헤밍웨이, 버지니아 울프, 제임스 조이스 등 수많은 거장들이 체호프에게서 영향을 받았다고 고백한 기록이 전해집니다.

저 역시 체호프를 좋아하는 이유가 몇 가지 있습니다. 무엇보다 체호프의 작품 중에는 길지 않은 단편들이 참 많다는 점이 매력적이지요. 물론 체호프도 장편소설이나 희곡을 여럿 발표했지만, 제가 주로 읽은 것은 그의 주옥같은 단편들입니다. 솔직히 도스토예프스키의 『카라마조프가의 형제들』이나 톨스토이의 『전쟁과 평화』 같은 러시아 대문호의 작품은 수백 쪽의 분량만으로도 읽을 엄두조차 나지 않습니다. 이에 비하면 풍자와 위트가 넘치는 데다 분량도 짧은 체호프의 단편집은 제 침대 머리맡을 떠나는 일이 없습니다.

체호프의 고향 타간로그에 있는 체호프 문학 박물관 입구에 새워진 문학청년 체호프의 동상.

저는 체호프의 단편만 즐겨 읽는 게 아니라 그의 삶에도 관심이 참 많았습니다. 그 이유는 체호프가 작가이자 의사라는 점 때문입니다. 그래서일까요, 체호프의 소설 중에는 의사로서의 경험이 녹아있는 작품들이 적지 않습니다. 시간에 쫓기는 고된 수련의 시절 한가하게 소설이나 읽는다고 선배들에게 혼날까봐 남몰래 체호프를 읽었던 기억이 납니다.

체호프가 의사가 된 건 궁핍했던 그의 가정환경 때문이었습니다. 의사라는 직업은 당시 러시아에서도 비교적 안정적인 전문직이었던 모양입니다. 그는 1879년 열아홉 살 되던 해에 형제들과 함께 고향 타간로그를 떠나 모스크바 대학 의학부에 진학합니다. 하지만 어려운 가정형편으로 학업에만 전념할 수 없었는데요. 체호프가 아르바이트 삼아 했던 일은 뜻밖에도 싸구려 잡지나 신문에 콩트나 유머 단편들을 기고하는 것이었습니다. 그는 의대에 진학하기 전 고향에서 고전학교를 다닐 때 제법 글재주가 있다는 소리를 듣곤 했지만, 생계를 위해서 글을 쓰게 될 줄은 몰랐습니다.

당시 그가 썼던 단편은 주로 러시아 사람들의 일상을 코믹하게 그려내는 것이었는데, 뜻밖에도 많은 사람들에게 인기를 얻게 됩니다. 여기저기서 체호프를 찾는 지면이 늘어나면서 원고료도 제법 두둑해지지요. 몇 년 뒤에는 제정러시아의 수도 상트페테르부르크의 유명 신문에서도 청탁이 들어옵니다. 그는 1894년 의과대학을 졸업하고 의사면허를 취득하지만, 의사보다는 작가로서 더 왕성한 활동을 이어갑니다. 체호프는 "의학은 나의 아내요, 문학은 애인"이라는 농담을 던지기도 했는데요. 듣기에 따라서 여러 의미가 담긴 말인 듯합니다. 아무래도 해석은 독자 여러분 각자에게 맡겨야 할 것 같습니다.

## 그리고 그는 죽었다!

•

체호프는 평생 수백 편의 소설과 희곡을 남겼습니다. 제아무리 체호프 전문가라 하더라도 체호프의 전작을 모두 찾아 읽는 건 쉽지 않지요. 국내에는 여전히 번역되지 않는 체호프의 작품들이 적지 않습니다.

의사인 제게 특히 인상적이었던 체호프 작품으로는 「관리의 죽음」과 「티푸스」입니다. 두 작품은 바로 지금 '코로나19 시대'에 특히 더 와 닿는데요. 소설 속 오페라극장에서 공연 관람 도중 재채기를 한 주인공의 심리 상태는 마치 코로나19 확진 판정을 받은 현대인의 모습과 겹쳐집니다. 주인공은 재채기를 속죄하기 위해 진심을 다하지만 그에게 돌아온 건 피해자의 냉소뿐입니다.

'……그리고 그는 죽었다.' 이 소설 「관리의 죽음」의 마지막 문장입니다. 가벼운 재채기를 죽음으로까지 몰고 가는 소설 속 웃지 못할 해프닝이 바로 지금 전 세계에서 벌어지고 있습니다. 비말을 내뿜는 재채기가 지금처럼 죄악시 되던 때가 또 있었을까요? 백여 년 전 체호프는 이 어마무시한 팬데믹을 아주 짧은 단편 속에서 몇 자 안 되는 문장으로 예언한 듯 합니다. '그리고 그는 죽었다'라고 말이지요. 헤어 나오기 힘들 정도로 참 공허한 문장입니다.

이 문장은 의사인 제게 늘 삶의 딜레마로 남아있습니다. "○○○○년 ○○월 ○○일 ○○시 ○○분 ○○○께서 운명하셨습니다." 오랜 투병 세월을

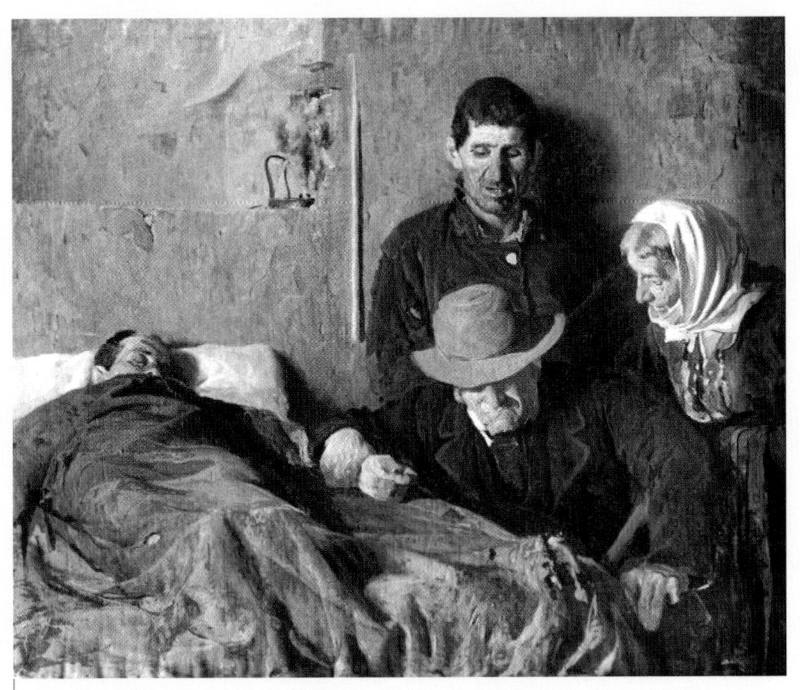

테오필로 파티니(Teofilo Patini, 1840~1906), 〈맥박과 심장박동〉, 제작연도 미상,
캔버스에 유채, 121.5×151cm, 이탈리아 라퀼라 지방의회 미술품 컬렉션

가난한 집으로 왕진 온 의사가 환자의 손목을 잡고 맥박을 감지합니다. 의사의 표정으로 보아 환자에게서 마지막 심장 박동을 느낀 듯합니다. 의사는 곧 환자에게 사망선고를 내릴 것입니다. 환자 곁을 지키는 노부모의 표정에는 아들의 죽음에 대한 두려움과 함께 헤아릴 수 없는 슬픔이 서려있습니다. 이탈리아 출신의 사실주의 화가 테오필로 파티니가 그린 〈맥박과 심장박동〉이란 그림입니다. 화가는 의사와 환자, 가족 그리고 모든 인간에게 있어 가장 고독한 순간을 포착해 캔버스에 옮겼습니다.

이어온 환자에게 주치의로서 제가 할 수 있는 것은 그의 마지막을 세상에 기계적으로 고하는 것뿐입니다. 의사로서 가장 무기력하고 절망적인 순간이 아닐까 싶습니다.

## 문학이 미술을 만났을 때

●

극작가로서도 명성이 자자했던 체호프는 문인 말고도 다양한 예술가들과 활발한 교류를 이어갔습니다. 차이코프스키Peter I. Chaikovskii, 1840~1893는 체호프의 「속인(Laymen)」이라는 작품을 읽고 그의 비범한 문재(文才)에 감명 받아 직접 체호프를 찾아갑니다. 두 사람은 오랜 세월 예술적 영감을 나눴는데, 실제로 차이코프스키는 오페라를 만들 때 체호프에게 많은 도움을 받았다고 하는군요.

체호프는 음악가 뿐 아니라 화가들과도 많은 소통을 나눴습니다. 그 가운데 이자크 레비탄Issac Levitan, 1860~1900이라는 화가가 있습니다. 러시아 사실주의 풍경화가인 그는, 유럽 여러 곳을 돌며 서정적인 풍경화를 많이 남겼습니다. 레비탄은 우리나라에서는 그다지 많이 알려진 화가가 아닌데요. 서양미술사는 그를, 19세기 후반 러시아 사실주의 미술운동 그룹인 '이동파(移動派)'의 회원으로 기록하고 있습니다. '이동파'란 귀족이나 부르주아 등 일부 부유층에 국한하지 않고 가급적 많은 사람들에게 예술 작품을 감상할 수 있는 기회를 주려고 러시아 지방 곳곳을 순회하며 전시회를 개최

이자크 레비탄, 〈고요한 안식처〉, 1890년,
캔버스에 유채, 87.5×108cm, 트레차코프 미술관, 모스크바

한다는 의미에서 붙여진 이름입니다. 이를테면 미술계의 브나로드 운동 같은 것이지요.

아무튼 레비탄은 체호프와 젊은 시절부터 각별한 관계를 맺어왔는데요. 두 사람은 자주 교류하면서 예술적으로 깊이 소통하며 서로의 작품에 영감을 주고받습니다. 1895년 체호프가 쓴 「3년」이란 소설과 레비탄이 그린 〈고요한 안식처〉라는 회화는 두 예술가가 나눈 교감으로 탄생한 작품입니다.

소설 「3년」에는, 주인공 율리아가 미술관에서 본 풍경화 한 점에 깊이 빠져듭니다. 율리아는 풍경화 속으로 들어가 개울 위 다리를 건너 오솔길을 걷는 자신을 상상하지요. 율리아를 사로잡은 그림이 바로 레비탄이 그린 〈고요한 안식처〉입니다. 체호프는 소설 속 그림에 펼쳐진 환상적인 풍경에 대해 레비탄과 이야기를 나눴고, 레비탄은 체호프의 소설 속 풍경을 캔버스에 구현해냅니다. 문학과 미술이 서로 '융합'하는, 당시로서는 보기 드문 일이 일어난 것이지요. 지금으로 말하면 '통섭'이라고 얘기할 수 있겠습니다.

## 의사에게 모든 환자는 동등해야 한다!

•

작가이자 의사라는 직업을 가진, 누가 봐도 남부럽지 않은 인생을 누렸을 것 같은 데, 체호프는 그다지 평탄한 삶을 살진 못했습니다. 작가로서 명성을 얻었지만, 그는 늘 자신의 작품에 회의가 컸습니다. 체호프가 도시에서의 삶을 뒤로 한 채 시베리아 열차에 몸을 싣고 척박한 사할린으로 떠났던 것도 작가로서의 정체성을 찾기 위해서였지요. 그곳에서 그는 수천 명의 죄수들 사이에서 벌어지는 폭력과 매춘을 보면서, "인간이 타락할 수 있는 극한을 봤다"고 했습니다. 러시아가 처한 시대적 아픔을 작가로서 작품에 체화해내지 못했던 회한에, 그는 수없이 머리를 조아렸습니다.

바실리 폴레노프(Vasily Polenov 1844~1927), 〈초야권〉, 1874년,
캔버스에 유채, 120×174cm, 트레차코프 미술관, 모스크바

러시아 출신 화가 바실리 폴레노프가 그린 〈초야권〉은 봉건주의의 극악한 폐해를 고발합니다. '초야권'은 중세 유럽에서 영주가 농노의 결혼을 승인하는 조건으로 결혼 첫날밤에 신랑보다 먼저 농노의 자녀인 신부와 동침하는 권리라고 합니다. 유럽에서는 이 미개한 악습이 16세기 이후 자취를 감췄지만, 러시아에서는 18세기까지 이어졌다는 기록이 전해집니다.

의사로서의 삶도 녹록지 않았습니다. 농노의 집안에서 태어나 지긋지긋한 가난을 끊어내려고 의사가 되었지만, 그의 눈에는 돈 많은 환자보다 병들고 굶주린 인민들만 들어왔습니다. 그는 풍요로운 의사로서의 삶을 선택할 수 없었지요. 의사로서 체호프에게 환자란 빈부에 따라 신분이 나눠지지 않는, 모두 '건강해질 권리'를 가진 동등한 인간이었을 뿐입니다. 하지만 러시아는 여전히 영주들이 '지주'라는 이름으로 엄청난 경작지를 소유하며 농노를 심하게 착취하는 곳이었습니다. 〈초야권〉 같은 봉건주의의 미개한 악습이 유럽에서 가장 늦게까지 잔존했던 곳도 러시아였지요. 체호프가 어떤 상류층 귀족을 진료한 뒤 노트에 적었던 글귀는, 당시 그가 의사로서 어떤 신념을 지녔는지 가늠하게 합니다.

"고귀한 귀족이라고? 시장어귀에서 만난 장사치와 비교해 볼 때 별 반 다르지 않다. 누구나 나이 들면 이빨 빠지고 추한 모습으로 늙어갈 뿐이다."

## 하얀 페스트

•

1892년경 체호프가 모스크바 근교인 멜리호보에서 6년간 정착하며 지내던 시기는 의사이자 사회운동가로 왕성하게 활동하던 때입니다. 그는 전염병 퇴치와 빈민구제를 위해 장거리 왕진도 마다하지 않았습니다.

당시 틈틈이 발표한 작품 속에서도 그의 사회성이 짙게 묻어납니다. 그의 4대 희곡 중 첫 작품인 「갈매기」도 이 무렵에 발표되지요. 그는 여전히 비참한 삶을 사는 민중에 대한 연민과 나약한 지식인에 대한 회의로 힘겨워했지만, 그 못지않게 그를 평생 괴롭혔던 건 폐결핵이란 질환이었습니다.

폐결핵! 인류 역사상 가장 오래된 이 질병을 두고 고대 로마인들은 유전병이라고 했고, 아리스토텔레스는 공기를 통해 전염된다고 주장하기도 했습니다. 도시화가 급속하게 진행되던 르네상스 시대에 폐결핵은 이탈리아에서 가장 흔한 질병 중 하나였다는 기록도 전해집니다. 아무튼 폐결핵은 19세기 산업화와 더불어 급증한 도시 빈민층 사이에서 크게 번집니다. 중세의 페스트가 온몸을 검게 하면서 죽음에 이르게 했다고 하여 '흑사병'이라 불렸다면, 19세기 폐결핵은 환자의 얼굴을 창백(蒼白)하게 만든다고 하여 '하얀 페스트'라는 별칭을 얻었을 정도로 그 위력이 대단했습니다.

폐결핵은 19세기 말 20세기 초에 발표된 문학에서 적지 않게 등장합니다. 혁명의 격동기 속에서 등장하는 심약한 지식인들은 너나할 것 없이 폐결핵을 앓는 것으로 그려졌지요. 20세기 초에 활동했던 국내 대표적인 소설가 이광수李光洙, 1892~1950는 실제로 폐결핵을 앓기도 했는데, 그의 소설에서 폐결핵은 불안과 고독, 자책 등을 상징하는 기호로 사용되었다고 합니다.

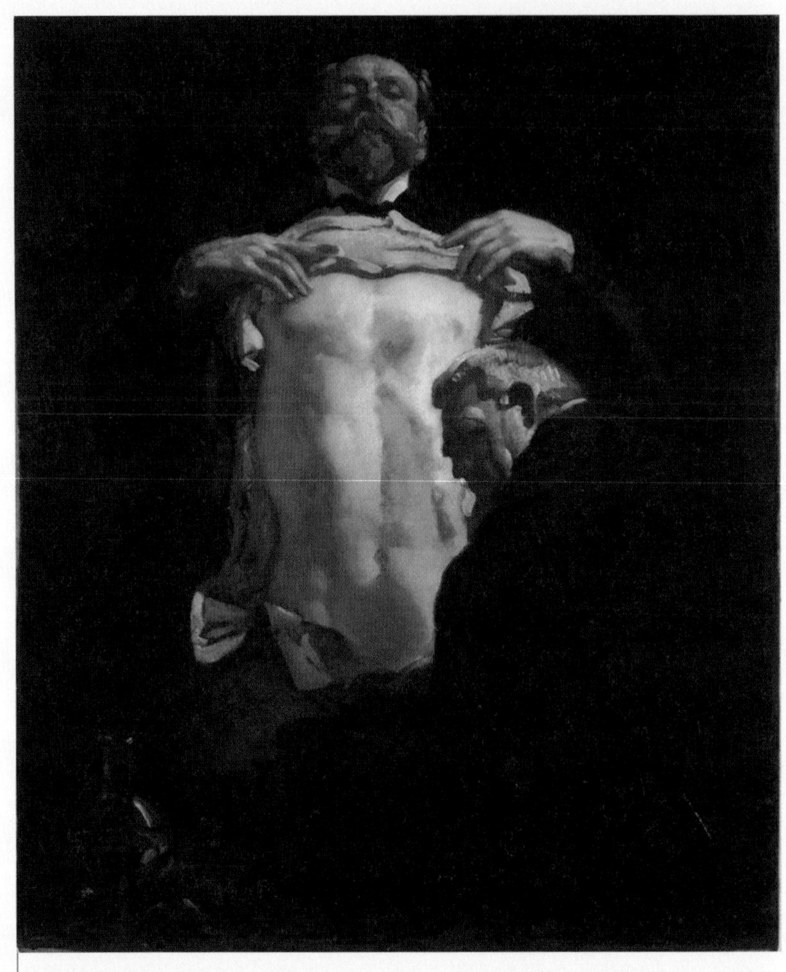

조지 워싱턴 램버트(George Washington Lambert, 1873~1930), <체섬 스트리트>, 1910년, 캔버스에 유채, 62×51.5cm, 오스트레일리아 내셔널 갤러리, 캔버라

중년의 남자가 셔츠를 위로 치켜

앞가슴 전체를 드러내고 있습니다.

눈을 감은 채 입술을 굳게 다물고 있지만

불안한 속마음을 감출 수 없습니다.

의사는 청진기 대신 남자의 가슴에 직접 귀를 대고

유심히 폐의 소리를 듣고 있습니다.

20세기 초반 유럽의 거의 모든 도시에 퍼졌던

폐결핵의 징후를 살피는 듯합니다.

그림의 제목이기도 한

런던 체섬 스트리트(Chesham Street)에

있는 한 병원 진료실의 풍경입니다.

## Ich sterbe!(나는 죽는다!)

•

놀라운 건, 국내에 번역 출간된 체호프의 단편집에 수록된 작가 연보에 체호프가 피를 토하는 각혈을 한 연도와 날짜가 구체적으로 기록되어 있다는 사실입니다. 마치 어떤 작품을 어떤 연도에 발표한 것처럼 말이지요. 그만큼 그 당시 문인들에게 폐결핵의 징후와 경과는 질병 이상의 그 어떤 의미가 있었던 걸까요? 혹시 폐결핵이 문인들 사이에서 완전한 작가가 되는 통과의례 정도로 인식되었던 건 아닐까요? 작가가 직접 폐결핵을 앓지 않고서는 작품에 다양한 문학적 코드로 폐결핵을 사용할 순 없다고 터무니없이 여겼던 걸까요?

체호프의 연보를 보면, 첫 번째 각혈을 1884년 12월 그가 스물네 살 때 했고, 1897년 3월에 모스크바에서 지인과 만나 식사를 하던 중 심하게 피를 토해 병원에 입원했다는 기록도 보입니다. 그 후로 각혈의 빈도가 갈수록 심해지더니 결국 1904년 7월 2일 독일의 바덴바덴에서 체호프는 생을 마감합니다.

체호프가 세상을 뜨기 얼마 전 고열로 사경을 헤매던 중 침대에서 벌떡 일어나 했던 말은, "나는 죽는다!(Ich sterbe!)"라는 독일어라고 합니다. 그는 죽음을 절감했고, 스스로에게 사망선고를 내린 것입니다. 소설 「관리의 죽음」에서 "그리고 그는 죽었다"라는 문장으로 이야기를 끝맺었듯이 말입니다. 자신의 삶에 관한 이야기도 그렇게 끝맺음을 한 것이지요.

아래 초상화는 그의 예술적 동지였던 레비탄이 그린 것입니다. 이 글의 처음에 소개한 브라즈가 그린 초상화하고는 전혀 다른 인상이지요. 브라즈의 초상화에서 느껴졌던 이지적인 작가이자 의사로서의 모습은 온데간데 없습니다. 눈빛은 초점을 잃었고, 볼은 심하게 패였습니다. 하지만 왠지 레비탄이 그린 초상화가 더 체호프에 가까워 보입니다. 비록 그가 영면한지 백 년이 훨씬 지났지만, 저는 이 글의 마지막에 그의 명복을 빈다는 말씀을 전하고 싶습니다.

이자크 레비탄, 〈안톤 체호프의 초상화〉, 1886년,
캔버스에 유채, 트레차코프 미술관, 모스크바

르네 마그리트
(René Magritte, 1898~1967),
〈생존자〉, 1950년,
캔버스에 유채, 80×60.3cm,
메닐 미술관, 휴스턴

극작가로서의 체호프가 늘 강조했던 건 대본 속에 등장하는 소품은
무엇이든 복선을 깔고 있어야 한다는 것입니다. 이를테면 대본에 총이
등장한다면 작품이 끝나기 전에 한번은 발사되어야 한다는 것이지요.
후대 작가들은 이를 가리켜 '체호프의 총'이라 불렀습니다.
그래서였을까요? 미국 휴스턴 메닐 미술관이라는 곳에서
마그리트의 〈생존자〉란 작품을 만났을 때 문득 체호프가 떠올랐던
기억이 납니다. 그림을 보면 벽에 총 한 자루가 세워져 있습니다.
누군가를 향해 방아쇠가 당겨진 총인 듯합니다.
바닥에 핏자국이 보이기 때문입니다. 체호프는 평생을 폐질환에 시달리면서
각혈을 할 때마다 삶의 끝을 떠올렸는지도 모르겠습니다.
각혈이란 복선이 반복되면서 삶의 클라이맥스에 다다랐을 때,
그는 '나는 죽는다'라고 스스로 사망선고를 내립니다.
마치 한 편의 희곡에 마지막 문장을 쓰듯이 말입니다.

*Hippocrates Gallery*

*15*

•

# 히포크라테스의 방

클로드 모네, 〈임종을 맞이한 카미유〉, 1879년, 캔버스에 유채, 90×63cm, 오르세 미술관, 파리

"정지한 사물이 매 순간마다 달리 보인다면 그건 빛 때문이다." 시시각각 변하는 들녘의 건초더미를 그리며 모네Claude Monet, 1840~1926가 한 말입니다. 모네의 눈에 비친 '빛'은 색채의 스펙트럼으로 발광했습니다. 그의 붓끝에서 인상주의가 열리는 순간입니다.

빛은 정지한 사물만 달리 보이게 하지 않았습니다. 사람의 얼굴도 마찬가지였습니다. 파리 오르세 미술관에 가면 모네의 가슴 아픈 역작 〈임종을 맞이한 카미유〉를 보실 수 있습니다. 모네는 아내 카미유의 죽기 전 모습을 화폭에 담아 애도했습니다. 폭풍 같은 붓질로 검푸른 물감을 덧칠한 캔버스에 아내의 모습이 희미하게 드러납니다. 임종을 앞둔 카미유의 얼굴입니다. 그녀의 안색은 온통 '죽음의 빛'으로 가득합니다. 곧 있으면 죽음의 빛마저 사라져 검푸른 암전(暗箭)이 캔버스를 덮을 것입니다. 모네는 걸작 〈인상, 해돋이〉에서 세상의 가장 찬란한 빛을 그렸다면, 이 그림에서는 가장 슬픈 빛을 그렸습니다.

## 의학의 아버지마저 이용한 정치적 군모술수

•

모네가 죽음의 빛을 그렸다면, 히포크라테스Hippokrates, BC460~BC377는 죽음의 문턱에 선 인간의 모습을 정의내렸습니다. 라틴어에서는 죽기 직전 인간의 얼굴을 'facies hippocratica'라고 합니다. 우리말로 하면 '히포크라테스의 얼굴'입니다. 히포크라테스가 죽음에 임박한 인간의 모습을 자세히 관찰해 기록했기 때문에 그의 이름이 붙여진 것입니다. 히포크라테스에 따르면, 인간은 죽기 직전 입술이 파랗게 질리고 귀가 차가워지면서 오그라들며 눈에 초점을 잃는다고 했습니다. 지금은 당연한 이야기 같지만 의학이 확립되지 않은 고대에 죽음의 문턱에 선 인간을 이처럼 객관적으로 정의내렸다는 것은 경이로운 일이 아닐 수 없습니다.

모네의 그림 〈임종을 맞이한 카미유〉로 히포크라테스 이야기를 시작하는 건 의학에서 죽음은 끝이 아니라 시작이기 때문입니다. '그는 왜 죽었는가?'란 질문에서 의학은 출발합니다. 2000년도 훨씬 전에 히포크라테스가 죽음을 맞이한 인간의 얼굴을 세세하게 관찰해 기록한 이유입니다. 히포크라테스란 태고적 존재가 화석화되지 않고 지금도 여전히 유효한 건 바로 관찰과 기록 덕분입니다. 히포크라테스와 그의 사상을 이어받은 의학의 후예들(히포크라테스학파)은 더 이상 신에게서 치료방법을 구하지 않고 침대 옆에서 환자를 자세히 관찰하고 검진하며 또 기록했습니다. '임상(臨床)'이란 단어에 환자와 가장 가까운 곳인 '침대 곁'이라는 뜻이 담겨 있는 건 우연이 아닙니다.

지로데 트리오종, 〈아르타크세르크세스 왕의 선물을 거절하는 히포크라테스〉, 1792년, 캔버스에 유채, 99×135cm, 의학사 박물관, 파리

하지만 세세한 관찰과 기록에도 불구하고 히포크라테스란 존재는 세태를 이기지 못하고 역사적으로 오독되거나 어용된 경우가 적지 않았습니다. 프랑스 화가 지로데 트리오종Anne-Louis Girodet-Trioson, 1767~1824의 그림은 히포크라테스를 정치적 권모술수로 악용한 대표적인 경우에 해당합니다. 지로데의 그림은 제목 그대로를 묘사합니다. 그리스의 적국 페르시아의 왕 아르타크세르크세스가 나라에 페스트가 돌아 수많은 백성이 죽어나가자 그리스의 명의(名醫) 히포크라테스를 찾아가 금은보화를 건네면서 백성의 치료를 간절히 청하고 있습니다. 하지만 히포크라테스는 적국이라는 이유로 페르시아 왕의 부탁을 단호하게 거절합니다. 그런데 히포크라테스

의 애국심과 청렴함을 논하기에 앞서 뭔가 좀 이상합니다. 히포크라테스는 적국인 페르시아 왕의 부탁을 거절한 것이지만 엄연히 진료를 거부한 것입니다. 국적과 이념을 초월해 환자를 치료해야 하는 것은 지금 우리가 알고 있는 히포크라테스의 가장 기본이 되는 정신이기 때문입니다.

한데 지로데가 이 그림을 그린 1792년의 시대적 배경을 따져 볼 필요가 있습니다. 1792년은 프랑스 대혁명이 발발한지 3년 남짓한 시기입니다. 여전히 정치적으로 불안한 때였지요. 프랑스는 시민혁명으로 왕정(제정)이 무너지고 공화정이 수립되었지만, 시민들의 자유와 권리는 크게 보장받지 못했습니다. 정권을 획득한 새로운 정치세력은 시민들에게 강력한 애국심을 요구했습니다. 국익에 반하는 행위는 결코 용납되지 않았지요. 지로데의 스승 자크 루이 다비드Jacques Louis David, 1748~1825는 국민들의 애국심을 고취시키는 데 미술을 이용한 이른바 '정치화가'였습니다. 다비드가 그린 〈나폴레옹 대관식〉이나 〈호라티우스 형제의 맹세〉 같은 그림들은 대표적인 정치적 회화들입니다.

지로데도 스승 다비드와 다르지 않았습니다. 그 역시 스승을 따라 정치화가의 행보를 걸었습니다. 〈아르타크세르크세스 왕의 선물을 거절하는 히포크라테스〉는 환자를 우선시해야 하는 의사의 책무마저 애국심 앞에서는 포기해야 한다고 역설합니다. '의학의 아버지' 히포크라테스라 해도 한낱 의사의 직업윤리가 애국심 위에 있을 수 없다는 겁니다. 지로데의 그림은 '지금의' 히포크라테스 선서 중 "인종, 종교, 국적, 정파 또는 사회적 지위를 초월하여 의사로서 오직 환자에 대한 의무를 지키겠다"는 항목에 전적으로 배치됩니다. 그런데 흥미로운 건 지로데가 이 그림을 그릴 1792년에는 지금 우리가 알고 있는 히포크라테스 선서는 존재하지 않았다는 겁니다.

3세기경에 파피루스에 새겨진 히포크라테스 선서의 조각

히포크라테스와 그를 추종해온 의학자들이 오랜 세월에 걸쳐 집대성한 히포크라테스 전집에 나오는 의료윤리에 관한 내용이 우리가 알고 있는 히포크라테스 선서의 기원으로 알려져 있습니다. 선서의 항목을 히포크라테스가 썼는지 밝혀진 바도 없습니다. 원래의 명칭도 히포크라테스 선서가 아니라 그냥 '선서'였습니다. 1세기경에 편찬된 히포크라테스 전집에 수록되면서 히포크라테스 선서란 명칭으로 불리게 된 거지요.

히포크라테스 선서는 세월을 이기지 못하고 세태에 맞게 여러 차례 변경·재해석되었습니다. 지금 우리가 알고 있는 히포크라테스 선서도 마찬가지입니다. 제2차 세계대전 당시 나치의 인종학살에 참여한 일부 의사들의 죄과를 반성하는 의미에서 1948년 세계의사협회에서 수정해 만든 제네바 선언이 지금의 히포크라테스 선서입니다. 의학도들이 의과대학을 졸업할 때 낭독하는 바로 그 선서 말입니다.

## 여전히 그의 존재가 유효한 이유

•

2000년이 넘는 세월 동안 히포크라테스란 인물에 관해 수많은 오해와 우여곡절이 있어왔음에도 불구하고 지금까지 여전히 그의 존재가 유효한 이유는 뭘까요? 현대의학은 하루가 멀다 하고 눈부신 발전을 이어가고 있는데, 아주 오래 전에 살았던 한 의사의 말과 행동을 소환하는 게 어떤 의미가 있는 걸까요?

시대가 바뀌어도 히포크라테스를 기억하도록 만든 것은 '히포크라테스 전집(Corpus Huppocraticum)'의 힘입니다. 기원전 280년경 알렉산드리아에서 처음 편찬된 인류 최초의 의학 총서이지요. 많은 사람들은 이 전집의 저자가 히포크라테스라는 데 믿어 의심치 않지만, 사실은 그렇지 않습니다. 그 많은 분량을 히포크라테스 혼자서 다 썼다고 하기에도 무리가 있지만, 설사 그렇다 했더라도 2000년 동안 그 어떤 수정증감 없이 원형을 그대로 유지한다는 것 자체가 어불성설(語不成說)이기 때문입니다. 실제로 현대에 전해지는 히포크라테스 전집은 1526년판으로 알려져 있습니다.

의학사가들은 기원전 4세기를 전후해 히포크라테스가 주로 활동했던 그리스 코스섬 지역의 의학자들이 공동으로 편찬한 것이 지금 우리가 알고 있는 히포크라테스 전집의 모태일 것이라고 추정합니다. 당시 코스섬의 의학자들은 스승인 히포크라테스가 관찰하며 기록했던 자료들을 근간으로, 다시 여기에 임상에서 얻은 다양한 의학지식들로 풍성하게 채워

작자 미상, 〈히포크라테스 전집을 들고 있는 히포크라테스〉, 1341~1345년, 책 삽화, 프랑스 국립 도서관, 파리

히포크라테스 전집은 크게 다음의 네 가지 주제로 구성되어 있습니다.

의사의 직업윤리 부분은 히포크라테스 선서를 포함하고 있으며,

4체액설은 인체가 병에 걸리는 원인을 다룹니다.

첫째, 의사의 직업윤리.

둘째, 인체의 기본적인 구조 및 원리.

셋째, 병에 걸리지 않는 면역과 섭생의 원리.

넷째, 4체액설.

의학 전집을 집대성했을 것입니다.

히포크라테스 전집에 대해서 좀 더 자세히 살펴보면, 해부생리학을 비롯해 섭생법과 치료법, 병리, 내과, 외과, 안과, 부인과, 소아과, 진단, 약 조제, 예후(의사가 질병의 발생 가능성 또는 예상되는 발달을 예측하는 것) 및 금언집(金言集)에 이르기까지 모두 70여 권의 분량으로 되어 있습니다. 히포크라테스와 그의 제자들의 저술이 혼재되어 있기 때문에 어떤 부분을 히포크라테스가 썼는지 지금으로서는 확인이 곤란합니다. 다만 히포크라테스가 사망하고 1백년 지나서 편찬되었기 때문에 실제로 히포크라테스가 책의 형태로 출간된 것을 보진 못했겠지요.

히포크라테스 전집에 담긴 가장 큰 의미는, 질병의 존재를 신이라는 초자연적인 영역에서 의학의 탐구대상인 자연적인 영역으로 이끌어냈다는 데 있습니다. 고대에는 인간이 아픈 이유가 신에게 불경을 저질러 벌을 받았기 때문이라 여겼습니다. 그래서 몸이 아픈 사람은 병원 대신 신전을 찾았습니다. 하지만 히포크라테스의 생각은 달랐습니다. 예를 들어 고대인들은 '간질'을 신의 저주에서 비롯된 신성병으로 여겼지만, 히포크라테스는 간질의 증상만으로 몸에 마귀가 들었다고 보는 것은 잘못됐으며, 그 원인을 과학적으로 규명하고자 했습니다. 또 기쁨과 슬픔, 불안 등 감정적인 원인은 심장이 아니라 뇌와 관련이 있음을 밝힌 것도 히포크라테스입니다. 책에 기록된 내용은 대부분 신화와 전설 같은 이야기가 아니라 관찰과 경험에서 얻어진 결과를 근간으로 합니다. '임상의 시초'라고 해도 무방하지요. 히포크라테스가 2000년 넘게 자리매김해 올 수 있었던 이유입니다.

## 그의 금언으로 가득한 방

•

물론 히포크라테스 전집이 비과학이나 신비주의의 굴레에서 완전히 벗어났다고 할 수는 없습니다. 히포크라테스 전집은 많은 부분에서 과학적 한계를 드러냅니다. 이를테면 인체 대신 동물 해부에 근거해 축적한 지식에서 적지 않은 의학적 오류가 드러났습니다. 신경을 단지 인대로만 이해했다거나 동맥과 정맥의 차이를 정확하게 파악하지 못한 게 그 예입니다. 그 중에서도 '4체액설'은 히포크라테스 전집의 가장 대표적인 오류로 지적됩니다.

4체액설은 그리스 자연철학자 엠페도클레스Empedocles, BC490~BC430가 처음으로 주장했던 4원소설에서 출발합니다. 또 비슷한 시기 데모크리토스Democritos, BC460~BC370는 우주를 이루는 물, 불, 흙, 공기를 구성하는 최소 단위로 원자(atom)의 존재를 주장했습니다. 우주가 물, 불, 흙, 공기 네 가지 원소(element)로 이뤄졌다면, 인간의 몸은 냉, 건, 습, 열(cold, dry, moist, hot)의 성질을 가진 네 가지 체액으로 구성되었으며, 이 네 가지 체액이 바로 혈액, 점액, 황담즙, 흑담즙이라는 겁니다(86쪽). 따라서 네 가지 체액 중 한 가지가 지나치게 많거나 부족할 때 질병이 생기는 것이며, 이들 네 가지 원소를 조화롭고 적절하게 서로 보충해주는 게 치료의 기본이라 여겼습니다.

히포크라테스학파의 계승자인 로마의 갈레노스Claudios Galenos, 129~199에 의해 좀 더 체계적으로 정립된 4체액설은, 고대를 지나 중세의 의학에서도 거의 절대적인 진리로 이해되면서 무려 1500여 년 동안 정설로 받아들여져 왔습니다. 우주의 구성요소를 개념 지은 4원소설(엠페도클레스)과 원자론(데모크리토스)을 기반으로 했기에, 4체액설을 비판한다는 건 자연의 기본질서를 부정하는 것으로 여겨졌지요.

하지만 언제까지나 과학의 진화를 거스를 수는 없었습니다. 16세기 해부학자 베살리우스Andreas Vesalius, 1514~1564, 17세기 생리학자 하비William Harvey, 1578~1657, 18세기 병리학자 모르가니Giovanni Battista Morgagni, 1682~1771로 이어지는 과학자들의 연구로 인해 4체액설은 과학적 한계를 드러내고 맙니다. 해부학과 병리학을 통해 밝혀진 다양한 질병의 원인들이, 단지 4체액의 부조화로 인해 질병이 발생한다는 4체액설의 주장을 반박해 버리지요.

과학의 발달과 함께 의학이 진화할수록 히포크라테스는 차츰 설 자리를 잃어 갔을까요? 그렇지 않았습니다. 의학의 발전으로 히포크라테스의 주장 가운데 오류로 판명되는 것들이 하나 둘 늘어났지만, 히포크라테스의 존재는 부정당하지 않았습니다. 히포크라테스란 태고적 존재가 여전히 건재한 이유는 도대체 뭘까요? 그건 아마도 히포크라테스가 남긴 의학의 지식이 아니라 그 정신에 담긴 메시지 때문이 아닐까 생각됩니다. 히포크라테스 전집 가운데 '금언집'에는 바로 그의 정신을 엿볼 수 있는 금과옥조(金科玉條) 같은 문장들이 기록되어 있습니다. 금언집은 히포크라

니콜라에스 모야르트(Nicolaes Moeyaert, 1592~1655), 〈데모크리토스를 방문한 히포크라테스〉, 1636년, 캔버스에 유채, 80×85cm, 마우리츠하위스 미술관, 헤이그(네덜란드)

네덜란드 출신 화가 니콜라에스 모야르트가 그린 〈데모크리토스를 방문한 히포크라테스〉입니다. 화가는 4체액설을 주창한 히포크라테스가 그 이론적 근간을 마련해 준 데모크리토스를 방문한 장면을 그렸습니다. 실제로 두 사람이 무슨 학문적 대화를 나눴는지는 어떤 문헌에도 기록된 게 없습니다. 다만 화가는, 이 그림이 그려진 중세 말엽까지도 4체액설이 얼마나 대단한 이론으로 군림해왔는지를 두 대학자의 만남을 통해 보여주고 있습니다.

테스의 선서와 함께 후대에 가장 많이 회자되는 기록으로 꼽힙니다. 그 가운데 특히 인상적인 문장으로, "인생은 짧고 예술은 길다"라는 말이 있습니다. 그런데 좀 이상합니다. 히포크라테스가 예술을 논하다니요. 혹시 그는 예술에도 조예가 깊었던 걸까요?

이 문구는 금언집 첫머리에 등장하는데, 있는 그대로 옮기면 "인생은 짧고, 테크네는 길며, 기회는 순간이고, 경험은 흔들리며, 판단은 어렵다"라는 긴 문장에서 발췌한 거지요. 여기서 '테크네(techne)'라는 단어가 'art'로 바뀌 회자되다가 art를 우리말로 직역했더니 '예술'이 되어버린 것입니다. 하지만 art의 사전적 의미에는 '예술'만 있는 게 아니라 '기술'도 있지요. 히포크라테스는 기술 가운데 '의술'을 염두에 두고 한 말일 것입니다.

고대 그리스에서 '테크네'라는 말은 지금의 기술을 뜻하는 'technic'하고는 다른 의미로 이해되었습니다. 테크네는 의술, 기하, 논리, 웅변, 건축 등 이성과 규칙을 요하는 기법이나 솜씨와 같은 개념으로 볼 수 있습니다. 아무튼 금언집의 문장은 "인생은 짧고 의술은 길다"라고 해석하는 게 적절하겠지요. 다만 이 문장을 잘못 이해할 경우, '인간의 능력은 유한한데, 의술은 무한하다'거나 '생명은 짧지만 의술은 오래 간다' 등 의학의 위대함을 상찬하는 뜻으로 받아들이게 됩니다. 생각건대, 여기서 '인생'은 의술이나 의학에 몸담은 의사나 의학자의 생애일 것입니다. 지난(至難)한 의학의 길에 비해 의사의 삶은 턱없이 짧으니 한 눈 팔지 말고 의료와 학문에 매진해야 한다는 뜻으로 받아들이는 게 맞지 않을까 싶습니다.

| 페테르 파울 루벤스, 〈루도비쿠스 논니우스의 초상화〉, 1627년, 캔버스에 유채, 124.4×92.2cm, 내셔널 갤러리, 런던

페테르 파울 루벤스Peter Paul Rubens, 1577~1640가 그린 초상화 한 점을 봅니다(311쪽). 그림 속 모델 루도비쿠스 논니우스Ludovicus Nonnius, 1553~1645는 루벤스의 친구로서 플랑드르의 도시 앤트워프의 의사였습니다. 그는 30년 넘게 의학에 몸담았는데, 특히 아랍 의학에 정통했다고 전해집니다. 히포크라테스 전집은 비잔틴 문명을 통해 이슬람 세계로 전파되어 아랍 의학이 크게 발전하는 토대를 마련했지요. 실제로 중세 후반기에는 '이슬람 의학의 시대'로 불릴 만큼 눈부시게 발전한 아랍 의학이 거꾸로 유럽으로 역수입되는 일이 벌어지기도 합니다. 루도비쿠스는 바로 그때 활약했던 의사입니다.

그림 속 루도비쿠스는 책 한 권을 손에 쥐고 있습니다. 아마 히포크라테스 전집 가운데 하나이지 않을까 생각됩니다. 그의 뒤로 히포크라테스 흉상이 보입니다. 루벤스의 제자 판화가인 파울루스 폰티우스Paulus Pontius, 1603~1658가 그린 〈고대 히포크라테스의 흉상〉과 같아 보입니다.

히포크라테스의 흉상과 전집이 있는 루도비쿠스의 방은 환자를 위해 묵묵히 사투를 벌이고 있는 의로운 의사들의 방과 닮았습니다. 그곳은, 환자의 '침대 곁'을 떠나지 말라는 히포크라테스의 금언으로 가득한 방입니다.

파울루스 폰티우스, 〈고대 히포크라테스의 흉상〉, 1638년, 판화, 30.3×22cm, 레이크스 미술관, 암스테르담

# 작품 찾아보기

## 01 '비통'과 '절망'이라는 불치의 병에 관하여



## 02 '이(蝨)'가 들려주는 진화생물학 이야기



## 03 시대의 우울을 그리다 – 감성을 잃은 어느 시인의 초상

## 04 '굿 닥터'의 조건



## 05 그녀의 가는 허리가 슬픈 이유

## 06 살아낸다는 건 눈물겹도록 힘겨운 일이지요



## 07 삶에서 동문서답이 필요할 때

## 08 형제의 난(亂)의 기원



## 09 지적이며 우아했던 어느 프랑스 여인에 관한 기억



## 10 왜 살려내야만 하는가?

## 11 '닥터 러브'라 불린 남자



## 12 일산화탄소에 산화한 어느 지식인의 초상



## 13 '악녀의 탄생'에 관한 인문학적 고찰

히포크라테스 미술관

초판 1쇄 발행 | 2020년 10월 30일
초판 6쇄 발행 | 2022년 11월 15일

지은이 | 박광혁
펴낸이 | 이원범
기획 · 편집 | 김은숙
마케팅 | 안오영
표지 및 본문 디자인 | 강선욱
펴낸곳 | 어바웃어북 about a book
출판등록 | 2010년 12월 24일 제2010-000377호
주소 | 서울시 강서구 마곡중앙로 161-8(마곡동, 두산더랜드파크) C동 1002호
전화 | (편집팀) 070-4232-6071 (영업팀) 070-4233-6070
팩스 | 02-335-6078



ISBN | 979-11-87150-78-7 03100

# | about **STORY** |

루브르를 거닐며 인문학을 향유하다

## 미술관에 간 인문학자

| 안현배 지음 | 300쪽 | 16,000원 |

**신화와 종교, 역사, 문학, 예술에서 인간의 삶에 이르기까지 미술로 읽는 인문학의 즐거움**

파리1대학에서 역사와 예술사를 공부하며 루브르 박물관 속 명화의 숲을 탐사해온 어느 인문학자의 유니크한 미술감상기

승자와 패자의 운명을 가른 역사의 한 장면

## 미술관에서 만난 전쟁사

| 이현우 지음 | 328쪽 | 16,800원 |

**• 행복한아침독서 '추천 도서' 선정**
**전쟁의 승패를 가른 결정적인 순간들을 미술관에서 목도하다!**

다빈치, 뒤러, 루벤스, 앵그르, 렘브란트, 제리코에서 김홍도에 이르기까지 거장들의 붓끝을 따라가다 보면 어느새 전 세계 미술관이 전쟁터가 된다!

마음의 허기를 채우는 음식에 관하여

## 맛 읽어주는 여자

| 모리시타 노리코 지음 | 지희정 옮김 | 243쪽 | 14,800원 |

**음식에 닮긴 삶의 서사와 시대의 풍경을 음미하다**

우리 주변 가장 가까운 음식들의 유래와 역사, 음식에 담긴 시대의 풍경 및 음식이 우리 몸과 정신에 어떤 영향을 미쳐왔는지에 관한 인문학적 탐사.

마음을 두드리는 감성 언어

## 단어의 귓속말

| 김기연 지음 | 264쪽 | 12,800원 |

"글씨의 아름다움을 품은 단어는 머릿속에서만 맴돌던 어떤 말을 선명하게 바꾸어놓았다. 너무나 당연해서 스쳐버린 일상의 기억들이 책을 읽는 순간 이토록 싱싱하게 다가올 줄은 몰랐다. 슬금슬금 읽다보면 끝나버리는 한 권의 분량이 아쉬운 책!" _ 윤광준(사진작가)

# | about **SCIENCE** |

**138억 년 우주를 가로질러 당신에게로**

## 어크로스 더 유니버스

| 김지현 · 김동훈 지음 | 456쪽 | 20,000원 |

**"지난 10여 년 동안 우리는 세계 곳곳을 돌아 행성 지구에서 별이 가장 잘 보이는 곳을 찾아다니며 드넓은 우주와 만났다!"**

북극 스발바르 제도, 호주 쿠나바라브란, 미국 뉴멕시코, 몽골 알타이사막, 하와이 빅아일랜드…… 몸집보다 큰 천체망원경을 둘러멘 길 위의 과학자들의 탐사 기록

**우리 몸의 미스터리를 푸는 44가지 과학열쇠**

## 시크릿 바디

| 의정부과학교사모임 지음 | 400쪽 | 18,000원 |

세상의 모든 과학은 우리 몸으로 통한다!
"인간은 어떻게 살아가는가?"에 대한
가장 재밌고 유익하고 명쾌한 과학적 해답

- **한국출판문화산업진흥원 '세종도서 교양 부문' 선정**
- **행복한아침독서 '추천 도서' 선정**

**일상공간을 지배하는 비밀스런 과학원리**

## 시크릿 스페이스(개정증보판)

| 서울과학교사모임 지음 | 402쪽 | 18,000원 |

나사못이나 자물쇠처럼 작고 평범한 사물에서
4차 산업혁명을 이끄는 인공지능에 이르기까지
기본원리를 낱낱이 파헤친 과학해부도감

- **교육과학기술부 '우수 과학 도서' 선정**
- **네이버 '오늘의 책' 선정** • **행복한아침독서 '추천 도서' 선정**

**수학의 핵심은 독해력이다!**

## 읽어야 풀리는 수학

| 나가노 히로유키 지음 | 윤지희 옮김 | 304쪽 | 16,800원 |

**수학 문제가 풀리지 않을수록, 국어를 파고들어라!**

독해력은 모든 학습의 기본이 되는 역량이다. 지식을 전달하는 가장 보편적인 매개체는 텍스트, 바로 '글'이기 때문이다.
수학은 인류가 만든 가장 오래된 언어이자 자연계 및 사회, 경제, 문화 등 우리 사회 전반을 이해할 수 있는 밑바탕이 되는 언어다.
수학을 잘하는 데 필요한 것은 풍부한 국어력이다!

## | 추천사 |

빈센트 반 고흐의 그림을 좋아해 그에 관한 영화도 보고 책도 읽었지만, 『히포크라테스 미술관』에 나오는 〈영원의 문〉이란 그림이 고흐의 자화상이란 저자의 해석을 읽고 깜짝 놀랐습니다. 그림은 보이는 게 다가 아님을 다시 한 번 깨닫습니다. 이 책을 읽는 내내 그림 안에 담긴 보석 같은 이야기들을 저자에게 선물 받은 느낌입니다.

_ 이동욱(경기도의사회 회장)

벌써 3년 전이군요. 박광혁 저자의 『미술관에 간 의학자』를 너무나 재밌게 탐독했던 터라 그의 두 번째 책이 나온다는 소식이 누구보다 반가운 독자 중 한 명입니다. 이번에는 명화 속 문학과 역사 이야기가 흥미를 더합니다. 특히 코르셋과 심장눌림증에 관한 저자만의 탁월한 해석은 여러 번 반복해 읽었을 정도로 인상적입니다.

_ 박근태(대한개원내과의사회 회장)

세르반테스의 『돈키호테』란 엄청난 대작을 대여섯 점의 명화로 풀어낸 박광혁 저자는 늘 저를 놀라게 하는 이야기꾼입니다. 실력 있는 소화기내과 전문의인 저자가 언제 이렇게 많은 그림과 문학과 역사와 신화에 이르기까지 섭렵했는지 이 책을 읽는 내내 다시 한 번 놀라지 않을 수 없었습니다.

_ 이정용(서울개원내과의사회 회장)

시중에 나와 있는 의학 교양서들은 어렵고 딱딱합니다. '의학은 누구나 쉽게 접근할 수 있는 게 아니'라는 선입견을 들게 하지요. 하지만 이 책『히포크라테스 미술관』은 의과대학 입학을 준비하는 어린 학생들에게 꼭 추천하고 싶을 만큼 쉽고 유익합니다. 재미와 교양이라는 두 마리 토끼를 다 잡은 책이란 생각이 듭니다.

_ 장웅기(경기도개원내과의사회 회장)

돈키호테의 '렘수면장애', 기욤 아폴리네르의 '아폴리네르 증후군', 차이코프스키의 '비소음독', 머릿니와 진화생물학, 히포크라테스의 안모 등 현역 의사들도 귀가 솔깃할 만한 의학 지식들을, 저자는 수많은 명화들 속에서 이야기하듯 재미있게 풀어냅니다. 의사는 물론 의학도와 의사를 꿈꾸는 청소년들에게 일독을 권합니다.

_ **김한수**(대한임상순환기학회 회장)

이 책의 저자 박광혁 선생의 글을 읽고 있으면 당장이라도 미술관으로 향하고 싶은 충동이 듭니다. 파리 루브르와 오르세, 마드리드 프라도, 런던 내셔널 갤러리 등 세계적인 미술관에서 박광혁 선생을 도슨트로 모시고 의학과 문학, 역사, 예술에 관한 이야기를 듣고 싶습니다. 코로나19가 사라지기만을 학수고대해 봅니다.

_ **김정수**(여러분병원 원장)

언젠가 유럽의 미술관에 갔을 때, "미술은 보는 만큼 아는 게 아니라, 아는 만큼 보인다"는 박광혁 선생의 말씀을 절감했던 기억이 납니다. 몰라서 그냥 지나쳤던 명작들이 하나 둘이 아니었기 때문입니다. 이 책을 읽으면 더 이상 그런 우(愚)를 범하지 않게 될 것 같습니다. 그림과 함께 읽히는 의학과 인문학적 소양은 덤입니다.

_ **윤대웅**(서울듀크의원 원장)

학생들이 다양한 지식과 교양을 함양하기에는 학교수업만으로 부족할 때가 참 많습니다. 그럴 때마다 학생들에게 폭 넓은 독서활동을 적극 권하는 데, 이때 박광혁 선생의 책은 늘 필독서로 꼽힙니다. 특히 장래 의사를 꿈꾸는 학생들에게 이 책은 여러모로 큰 도움이 될 거라 생각합니다. 책을 읽는 내내 의로운 의사가 지녀야 할 덕목을 되새길 수 있게 합니다.

_ **이경희**(풍문고등학교 교감)

박광혁 선생이 『히포크라테스 미술관』이라는 책을 내면서 추천사를 부탁해왔습니다. 원고를 읽다 내심 깜짝 놀랐습니다. 박 선생의 내공이 제가 생각했던 것보다 훨씬 깊고 넓었기 때문입니다. 이 책의 부제는 '그림으로 읽는 의학과 인문학'입니다. 의사인 저자가 명화를 감상하면서 느낄 수 있는 의학적 소견에서 한 걸음 더 들어가 인문학적 소양까지 더한 글들이 퍽 인상적입니다.
이 책을 읽는 내내 이런 생각이 들었습니다. '왜 의사가 되기 위해서는 일반대학처럼 4년이 아니라 6년 또는 8년의 학제를 마쳐야 할까?' 그 이유는 의사의 소양이란 모름지기 질병에만 국한해서는 곤란하고 인간에 대한 폭넓은 이해를 필요로 하기 때문입니다. 이 책은 의학도가 갖춰야 할 기본 소양이 무엇인지를 의학과 인문학을 통해 친절하게 안내합니다.
미술과 의학, 인문학을 누구나 쉽고 재밌게 접하도록 풀어낸 저자의 글 솜씨는 참 매력적입니다. 특히 '안톤 체호프'는 백미입니다. 체호프를 오랜 기간 좋아하고 많이 읽고 깊이 생각한 사람만이 이렇게 쉽고 설득력 있게 쓸 수 있는 법이지요. 이 책을 통해 인간을 이해하는 데 있어서 작은 단서라도 얻을 수 있다면 더할 나위 없겠습니다. 그게 바로 의학과 인문학의 출발이기 때문입니다. 많은 분들께 일독을 권합니다.

_ **한성구**(서울대학교 의과대학 명예교수)

'의사가 무슨 미술을……?' 처음에 저자가 미술을 주제로 글을 쓰고 강연을 한다고 했을 때, 좀 시큰둥했던 게 사실입니다. 의사가 병원에서 진료 열심히 하고, 틈틈이 학회 활동도 소홀히 하지 않으면 됐지, 의학과 전혀 무관해 보이는 미술이 도대체 웬 말이냐는 거였지요. 하지만 우연히 접하게 된 저자의 글과 강연은 제가 가졌던 선입견을 단숨에 바꿔 놓았습니다. 저자의 얘기대로 의학은 미술과 만나 인간의 생명을 다루는 본령에 걸맞게 차가운 이성과 따뜻한 감성이 교류하는 학문이 됩니다. 의학자인 저자의 시선에서 그림은 새롭게 해석되고, 또 미술을 통해 의학의 문턱은 허물어집니다.
그의 첫 책 『미술관에 간 의학자』가 의학에 좀 더 초점을 맞췄다면, 이 책 『히포크라테스 미술관』은 명화들 속에서 문학과 역사, 예술, 신화, 종교, 인류학 등 다양한 분야를 넘나들며 의학의 외연을 확장시킵니다.
의학이 그리고 의사가 지켜내야 할 역할에 대해서 지금처럼 사려 깊은 생각이 절실했던 적은 없었던 것 같습니다. 시대의 물음에 히포크라테스는 어떤 혜안을 제시하는지 저자는 이 책에서 진심을 담아 이야기 합니다.

_ **홍광일**(대한위대장내시경학회 회장)